基于课程思政的大学英语教学研究

刘 丹 著

中国书籍出版社
China Book Press

图书在版编目（CIP）数据

基于课程思政的大学英语教学研究 / 刘丹著 . -- 北京：中国书籍出版社, 2023.9

ISBN 978-7-5068-9543-9

Ⅰ．①基… Ⅱ．①刘… Ⅲ．①英语—教学研究—高等学校②思想政治教育—教学研究—高等学校 Ⅳ．① H319.3 ② G641

中国国家版本馆 CIP 数据核字（2023）第 159091 号

基于课程思政的大学英语教学研究

刘　丹　著

责任编辑	李国永
装帧设计	李文文
责任印制	孙马飞　马　芝
出版发行	中国书籍出版社
地　　址	北京市丰台区三路居路 97 号（邮编：100073）
电　　话	(010) 52257143（总编室）　(010) 52257140（发行部）
电子邮箱	eo@chinabp.com.cn
经　　销	全国新华书店
印　　刷	天津和萱印刷有限公司
开　　本	710 毫米 × 1000 毫米　1/16
字　　数	202 千字
印　　张	11.25
版　　次	2024 年 1 月第 1 版
印　　次	2024 年 1 月第 1 次印刷
书　　号	ISBN 978-7-5068-9543-9
定　　价	76.00 元

版权所有　翻印必究

前　言

随着我国高校教育事业的不断发展和教育体系的不断改革，我国高校教育已经与国际接轨，并朝着世界高等教育强国的方向努力迈进。在这一过程中会遇到各种各样的阻碍，其中，中西方之间存在的文化观念和思维方式上的差异和冲突是阻碍中西方深入交流的重要因素。在这种时代背景下，继续拓宽高校英语教学的维度，培养高校学生多元文化理解能力和跨文化交际能力显得尤为重要。而在高校英语教育中融入"课程思政"教育则是保障这一教学理念顺利实践，并达到预期教学成果的重要基础。

"课程思政"是新时期我国课堂教学中的新理念，只有坚持"立德树人"的教学原则，在教学过程中融入社会主义核心价值观，才能实现课堂教学的协同效应。英语教学是促进我国对外交流的重要方式，如何帮助学生搭建起正确的语言文化体系，在引导学生广泛了解西方文化的同时，增强学生的政治抵抗力，提高学生在面对其他文化时的政治定力，同时在潜移默化的过程中培养学生的道德修养与文化自信，成为目前广大高校英语教师共同关心的话题。

基于此，本书主要分为五个章节。第一章重点探讨高校课程思政教学改革与发展的相关问题，具体包括"课程思政"的内涵与发展、高校"课程思政"教学的经验借鉴与路径优化两个方面；第二章主要探讨高校英语教学与"课程思政"的结合问题，在对高校英语教学融入"课程思政"教育现状进行分析的基础之上，对高校英语教学与"课程思政"结合的意义与对策进行了详细的论述；第三章探讨高校英语教学实践与"课程思政"思路问题，探讨了高校英语教学基本模式与实践方法，并根据当代高校英语教学的基本情况，对"课程思政"融入高校英语教学的实践思路进行研究；第四章重点讨论高校英语教学与人文素质培养问题，在对高校英语融入人文素质教育的理论依据进行阐明后，结合目前我国大多数高校的英语教学现状，对具体的实施方案进行了探讨；第五章研究的是跨文化交际与用英语讲好中国故事。本章以跨文化的交际活动为研究切入点，集中讨论了中西文化差异与跨文化交际、国际化视角下的高校跨文化思想政治教育、跨文化英语教学理论及思政教育体系构建、渗透式跨文化交际的能力培养、跨文化视域下培养学生用英语讲好中国故事的能力等几方面问题，力求为高校跨文化英语教学的落实提供理论依据。

在撰写本书的过程中，作者遇到了诸多困难，为了解决这些困难、提高本书的质量，作者特意请教了多位专家学者，并得到了多方的鼓励和帮助，在此表示真诚的感谢。由于作者自身知识储备尚不充足、写作能力尚待提高，书中难免有不尽人意之处。希望本书的出版能够为相关专业高校教师的教学工作和广大高校学生的学习带来些许帮助。同时，恳请广大读者能够对本书进行批评指正，作者将会积极听取各方的意见和建议，不断对本书进行修改和完善。

刘丹

2023 年 5 月

目 录

第一章 高校课程思政教学改革与发展 1
  第一节 "课程思政"的内涵与发展 1
  第二节 高校"课程思政"教学的经验借鉴与路径优化 11

第二章 高校英语教学与"课程思政"的结合 20
  第一节 高校英语教学融入"课程思政"教育现状 20
  第二节 高校英语教学与"课程思政"结合的意义 35
  第三节 "课程思政"融入高校英语教学的对策 46

第三章 高校英语教学实践与"课程思政"思路探索 53
  第一节 高校英语教学基本模式与实践方法 53
  第二节 "课程思政"融入高校英语教学的实践思路 74

第四章 高校英语教学与人文素质培养 86
  第一节 高校英语融入人文素质教育的理论依据 86
  第二节 高校英语融入人文素质教育的实施方案 94

第五章 跨文化交际与用英语讲好中国故事 107
  第一节 中西文化差异与跨文化交际 107
  第二节 国际化视角下的高校跨文化思想政治教育 123

第三节　跨文化英语教学理论及思政教育体系构建…………………127
第四节　渗透式跨文化交际的能力培养……………………………136
第五节　跨文化视域下培养学生用英语讲好中国故事的能力………160

参考文献……………………………………………………………………173

第一章 高校课程思政教学改革与发展

"课程思政"的理念首次被提起是在上海举行的高校课程改革活动中。2014年上海教委在《上海高校课程思政教育教学体系建设专项计划》中提出这一概念。教育部在 2017 年 12 月就已出台《高校思想政治工作质量提升工程实施纲要》（简称《纲要》），《纲要》明确指出要"大力推动以'课程思政'为目标的课题教学改革""梳理各门英语课程所蕴含的思想政治教育元素和所承载的思想政治教育功能，融入课堂教学各环节，实现思想政治教育与知识体系教育的有机统一"。围绕这一要求，学界进行了十分激烈的讨论。

第一节 "课程思政"的内涵与发展

一、"课程思政"的相关概念与内涵

从本质上说，思想政治教育就是一项社会实践活动，是一些政党或阶级等群体通过一定的方式对社会成员进行的一项有计划、有目的，并且可以对其产生影响的活动，从而让社会成员形成符合当下社会、阶级所需要的思想道德规范。研究发现，这些活动的内容主要包含思想、政治、道德等方面的教育，而且这些教育是不会随着人们的意志而转移的，就算是有些内容的叫法不一样，但是这些活动也都是始终存在于国家与历史的发展之中的，本质上都是相同的。在思想政治教育之中，思政课程就是一直存在着的主要的教育类型，而且也不是一个崭新的事物。因此本书将从实证性调查与访谈这两个方面来对思想政治教育进行研究。从实践这个方面来看，思想政治教育主要有以下两种方式的教学："第一是直接进行旗帜鲜明的正面教育；第二是将教育的内容渗透在日常生活中，让人们在日常

的点滴之中接受思想政治教育。"①

那么什么才是课程思政呢？下面我们将从两个方面进行探讨，详细地说就是思想政治教育不仅要有显性课程，同时还要有隐形课程。显性课程就是专门的思想政治理论课，这些课程可以在思想政治教育中给社会起到价值引领的作用。隐形课程就是在进行专业教育或者其他综合教育的过程中将思想政治教育的内容渗透进去，从而强化显性教育，进而提升思想政治教育的效果。"让专业教育中包含着思想政治理论教育，从而让两者之间实现同步，实现课堂教学中全方位、全过程、全员立体化的育人。"② 就像高燕所说，"课程思政"详细地说就是将马克思主义理论贯穿于专业课程教育的全过程，然后在各种专业的课程中深入挖掘其中的思想政治教育理论资源，从战略的角度对思想政治理论课、综合素养课以及专业教育课形成"三位一体"的思想政治教育体系。③ 综上所述，邱伟光定义的"课程思政"就是在高校的所有课程之中都发挥出思想政治教育的作用。④

因此，本书中的"课程思政"就是指以马克思主义理论为基础，以学校课程为载体，将学校的课程与马克思主义理论相结合进行的教育活动或实践活动。

对英语课程的设计进行创新，是推动思政课程体系发展的重要基础。如果想要完善思想政治课程体系，就需要将英语课程作为"课程思政"中的重要组成部分，根据英语课程中专属的角度与教学方法来创新英语课程的专属华语体系，实现专业授课中知识的传授与价值的有机统一，从而做到在学科教育的过程当中形成以文化人、润物无声的思想政治教育。在英语课程的教学之中，我们要想改变只重视英语知识教学，而轻视德育教学的现状，就一定要在课堂当中深入挖掘其中的思想政治教育内容，将思政教育和专业教育有效地融为一体，将习近平总书记所要求的"守好一段渠、种好责任田""与思想政治理论课同向同行，形成协同效应"落到实处。⑤

经过上述研究，本书通过将大学英语课程作为研究的切入点，对课程思政进

---

① 白显良.隐性思想政治教育基本理论研究[M].北京：人民出版社，2013.
② 高德毅，宗爱东.从思政课程到课程思政：从战略高度构建高校思想政治教育课程体系[J].中国高等教育，2017.
③ 高燕.课程思政建设的关键问题与解决路径[J].中国高等教育，2017.
④ 邱伟光.课程思政的价值意蕴与生成路径[J].思想理论教育，2017.
⑤ 吴晶，胡浩.全国高校思想政治工作会议12月7日至8日在北京召开[EB].北京：新华社，2016.

行深入探讨，使课堂主渠道发挥最大功能，从而促进高校形成全新的育人格局、全新的大学生思想政治教育体系，进而对高校教育改革形成一定启示意义。

二、"课程思政"的核心理念与建设路径

当今时代科技发达，学生可以获取到各类文化知识和价值观念。仅靠思想政治理论课来帮助大学生树立正确的价值观念是很有局限性的，高校各门课程的教师、学校培养人才的模式，甚至是社会，都对大学生价值观念的形成起着至关重要的作用。

价值观的引领从本质上来说，是对社会存在的多种价值观进行合并与整合，是有目的地帮助教学对象形成正确价值观的教育过程。"在一元与多元的价值取向之中，核心价值观的引领起到主导作用，是最为关键的一步，具有举足轻重的意义。"[①] 学校是国家培养人才的重要教育基地，可以为国家进行立德树人教育，学校中的每一个课堂都拥有育人的作用，因此，要想让高校充分发挥出思想政治育人的作用，就需要深入挖掘学科课程之中的思想政治教育资源，在对学生的思想政治育人与专业学科教育的有机统一之中引领大学生形成良好的思想政治观念。具体来说就是将教学课堂作为思想政治教育体系的载体，将社会主义的核心价值观念贯穿到整个思想政治教育的过程之中，让学生形成正确的价值观念，在面对困难与挑战的时候可以做出正确的价值判断与价值选择，同时还让学生增强文化自信，拥有强烈的文化认同与文化自觉，让学生在思想观念与行为上形成统一，进而提高学生的社会责任感与担当感，提升学生的思想道德素质与人文素质。

除以上论述之外，不仅学校要做到全课程育人，教师也要起到教书育人的作用，从而实现学科教育与思想政治教育的有机统一。而且这不仅是"课程思政"的目标，同时还是"课程思政"的核心理念。在对学生进行思想政治教育的过程中，我们不仅要内化于心还要表现在行动之中，不仅要注重思想价值观念中的知识底蕴，还要注重价值观念中传播的主流思想。从而做到对学生思想政治教育的显性教育与隐形教育的结合，让学生在润物无声之中获得思想政治教育。

"才为德之资，德为才之帅。"不仅要做好高校思想政治的推进工作，而且

---

① 吴晶，胡浩.全国高校思想政治工作会议12月7日至8日在北京召开[EB].北京：新华社，2016.

还要实现育人的目标。坚定不移地做到思想政治教育紧跟时代的潮流，与时俱进地进行思想政治建设，但是需要注意的是，不能只对思想政治建设的内容进行推进，还要对与育人过程中的教师、方法、制度等方面进行推进。

（一）教师是关键

对教育过程进行观察就会发现，教师是价值观念的引导者，教师思想政治的教育意识与教育能力决定着"课程思政"的效果，是"课程思政"的关键性因素，所以只有教师对专业知识与思政教育的内容进行深刻的理解与认同才能给学生传递正确的思想价值观念。由此，也就可以了解到，要想加强学生的思想政治教育就需要加强教师的思想政治意识，提高教师的专业执教能力，从而真正地做到对学生传授专业知识的同时还能对学生进行思想政治教育。

比如邱伟光就对教师提出了四点要求，尤其是对英语教师，这四点要求分别是：一是教师不能做只会教书的教书匠，而是要有全面的知识，不仅可以教会学生知识，同时还可以教会学生做人；二是教师还要学会将教书与育人结合在一起，只有这样才可以在教授知识的同时还能对学生起到育人的作用；三是教师还要起到模范作用，通过自己的言行举止对学生进行教育；四是教师要做到学术自由与学术统一，进而做到学科教育与思想政治相统一。

（二）教材是基础

在"课程思政"中课堂是重要载体，而教材则是重要依托。在高校课程中一般都是按照学科具体内容进行设计的，尤其是在英语的课堂教学中，课堂的教学内容会直接体现专业知识带来的价值，所以，在英语的课堂教学当中教师一定要集中力量，统筹教育资源、深入挖掘教育教学内容，避免教学内容脱离时代、国家、学校等方面的实际情况，而且教师与学校应该继续研究高水平的教材内容，从而激发学生学习的积极性与主动性，让学生在学习的过程当中形成良好的学习氛围，让学生在获得知识的过程中润物无声地形成正确的思想价值观念。

（三）方法是手段

在学习过程当中，方法是决定学习效果的重要因素，所以只有在学习过程中选择正确的学习方法，才可以更好地提高学生学习的自主性与学习效率，从而更好地培养专业人才。由此，教师应该深入了解学生的心理状态与兴趣，从而寻找并运用学生喜爱的学习方法，与学生增强课堂的互动性，让学生在课堂当中深入思考与实践，达到事半功倍的学习效果，从而实现教学的目的。

（四）制度是保障

要想在学校当中顺利地进行"课程思政"就需要在学校建立一个行之有效的教学领导制度、教学管理制度以及评价制度来作保障。作为高校的领导要在办学过程中要确定好办学的定位与办学的特色。并且一定要以马克思主义思想为指导，让学校在授课、听课等过程当中，良好地进行"课程思政"的建设。高校的教育部门，一定要做好资源的统筹工作，对教育教学的课程方案、教学教材等关键的教育环节进行深度的把握。与此同时，我们还要给思想政治教育老师良好的学习平台，充分发挥出马克思主义理论在思想政治建设中的重要引领作用。学校的人事部门可以制定一些奖励机制，为学校的人才引进、师资培养提供良好的制度保证。总而言之，要想让思想政治教育的"课程思政"稳步发展，就需要让学校中的每一位老师与部门参与其中，全方位保障思想政治教育的开展。

三、"课程思政"的转化与发展

（一）从"思政课程"到"课程思政"转化的必要性

中共中央宣传部、教育部在 2005 年联合发布了《关于进一步加强和改进高等学校思想政治理论课的意见》[1]，2015 年中共中央宣传部与教育部联合颁发了《普通高校思想政治理论课建设体系创新计划》[2]，再到 2016 年 12 月 7 日习近平总书记在全国高校思想政治工作会议[3]上，提出了对思想政治工作进行改进的要求，长期以来，党和国家一直对思想政治理论高度重视，并且随着时代的发展已经取得一定成效，但是当前仍然存在很多不足，具体来说主要体现在以下几个方面。

---

[1] 中宣部 教育部关于进一步加强和改进高等学校思想政治理论课的意见 [J]. 中华人民共和国教育部公报，2005（04）：31-35.
[2] 中央宣传部、教育部. 普通高校思想政治理论课建设体系创新计划 [J]. 教社科，2015（2）.
[3] 吴晶，胡浩. 全国高校思想政治工作会议 12 月 7 日至 8 日在北京召开 [EB]. 北京：新华社，2016.

1. 教学时间不足

从 2005 年出台的《关于进一步加强和改进高等学校思想政治理论课的意见》到现在，党中央始终重视高校的思想政治教育工作，出台了一系列的文件与意见，与此同时还对学校的思想政治教师提出了"要加强对思想政治理论课教师的培训""着力提高教师的思想政治素质、专业水平和教学能力"的要求与目标。[①] 各大高校对此要求积极配合，开始对思政课程的培训与调研提供支持。虽然提供支持可以给教师带来更多的机遇，但是还有很多的高校存在配套设施不完善的问题，有相关学者提出，在高校的教学过程当中，教师的教学任务本身就很繁重，不仅要担任本、硕、博思政课的教学，还要承担硕博英语课、选修课的任务，所以教师根本无法也再无精力去参加各类培训，除此之外，教师还需要开展科研活动，来提升自己的自身素质，所以教师的时间与精力被大幅度挤压，由此，教师自身的思想政治建设与发展存在巨大的阻碍。

2. 教育内容比较单一

（1）教学内容有重复

对高校的思想政治内容进行了解就会发现，高校的内容与中学的思政教学内容有重复，有些学生已经在中学时期学会了相关的思想政治内容，到了大学发现，大学所学的内容与高中所学的内容并没有较大的差别，由此也就可以看出，高校的教材并没有将内容进行升级与深化，反而只是进行了简单的重复，所以就有很多大学生对学习思想政治建设的热情有所减少。

除了教材内容的重复，还有课程之间的重复。由于知识理论的特殊性，很多学生都认为知识理论的学习是枯燥与无聊的，对于政治学专业、哲学专业等本科课程内容来说，就算是教师努力将课堂内容的视角做到多元丰富，也仍然存在很多的重复内容，因此，教学的内容无法对学生产生吸引，从而影响教学的实际效果。

（2）教学内容针对性不强

由于高校的思政课大多数是公开课的形式，教学内容和目标设置无法与专业相匹配，导致学生上课积极性降低。而更多学生注重行之有效的学习成果，对长

---

① 中央宣传部、教育部.《关于进一步加强和改进高等学校思想政治理论课的意见》[J]. 教社政，2005（05）.

远发展欠考虑。并且，由于思想政治的内容大部分都是理论知识，而且这些知识都是从宏观的角度出发的，会让学生感受抽象与难以理解，因此有很多学生无法将课程知识与自己的情况与经历结合在一起，从而限制了学生对课程理论的延伸与创新。

3. 教学方式吸引力不够

"教学方法是教学理论与教学实践永恒的主题，是现代教学研究中一个十分引人注目的研究领域，也是每一位教师，不论是新教师还是老教师，都必须严肃对待、认真钻研、甚至要终生研究的课题。"[1]在高校的思想政治课上，教学方法发挥着重要的作用，如果选择的教学方法适合学生，那么教学效果就会事半功倍；如果选择的教学方法不适合，那么就会减少与降低学生学习思政课的热情，从而影响思想政治教育的课堂效果。对当前的思想政治教育进行观察会发现，思想政治教育课程的内容很多，但是课时很少，所以有的老师为了加快教学速度，开始对学生进行灌输式的教学方式，如此一来，师生间的交流就会减少。还有学者提出"启发式教学，激发学生求知欲"与"合理有效地使用教学手段"等观点，教师在教学过程当中缺乏吸引力，整体的教学设计也缺乏创新性与多样性。[2]

4. 教育环境仍存在负面影响

社会环境主要包含政治、经济、文化等方面。随着科学技术的进步，经济的繁荣发展，社会环境也在发生着巨大的变化，并且这些变化还给高校的思想政治教育带来一些影响与冲击。

当前，我国的社会主义市场经济正在不断地深入发展，利益关系呈现出多样化的趋势，具体来说主要表现在以下两个方面：首先，经济的繁荣发展使得一些诸如享乐主义、拜金主义等错误观念已经逐渐开始影响处在统一社会环境下的大学生的价值观选择与判断。如果大学生对这些错误思想盲目从众，就会让他们形成以自我为中心的极端观念，从而只关注自己的价值与自己的发展，而忽视社会与集体的进步，不利于社会的进步与发展；其次，市场经济的繁荣发展会不可避

---

[1] 陈萌，姚小玲. 新时期高校思想政治理论课教师队伍建设的问题与对策研究 [J]. 思想教育研究，2014（12）：84-87.

[2] 余欢欢. 高校思想政治理论教学现状抽样调查分析——以西安某大学为例 [J]. 太原城市职业技术学院学报，2017（12）78-79.

免地带来贫富差距,而这些贫富差距会让学生产生心理的不平衡,对他们的在主流教育下形成的价值观与人生观产生影响,从而对高校思想政治教育工作的开展产生负面影响。

(二)"大思政"格局下学校思政教育的建设与开展

思想政治教育活动、课程思政、思政课程从本质上看就是实现立德树人这一根本任务的重要手段与方法。但是从概念上看三者并不是完全一致的,课程思政指的是思想政治教育的一种教育理念,如设置怎样的教学目标与教学组织形式等;然而思政课程指的是思想政治教育课程的课程体系,由此就可以看出二者之间是无法互相取代的。具体来说,课程思政就是高校各种课程之间的相互统一又相互独立,对大学生进行社会主义核心价值观教育的核心课程就是思想政治的理论课程,可以让学生用马克思主义理论思想来武装头脑;对大学生进行人文与科学等方面素质培养的课程就是综合素养类课程,这类课程可以全面提升学生的综合素质;高校中专业学科教育课程可以提升大学生的专业知识技能,同时还可以在教学的过程当中对学生进行育人教育。高校当中各种课程之间的结合,让各种知识之间相互贯通与引领,实现了课程到"课程思政"之间的转化,形成了良好的思想政治教育格局。

正是在高校思想政治教育新形势的要求下,高校的思想政治教育实现了"思政课程"到"课程思政"之间的转化。具体来说,要想进行思想教育首先第一步就是要遵循思想教育的规律,回归以人才培养和立德树人的本质,形成一个可以促进学生全面发展并且终身受益的育人制度。详细的说这个制度就是学生在学习专业学科知识的同时还能了解到其他方面的内容,在拥有过硬的专业能力的同时还能拥有良好的思想素质,形成良好的高校思想教育体系,从而为国家培养良好的素质人才做准备。

除此之外,党中央始终重视高校的思想政治建设,并且明确指出要形成"大思政"格局的思想政治教育体系,让思想政治教育贯穿大学教育始终。由此,各大高校为了贯彻落实这一政策,开始加大思想政治教育改革,对学科课程中的思想政治教育资源进行挖掘,从而让各学科在传授学生专业知识的同时还能对学生起到思想政治教育的作用,形成"课程思政"的模式。

从当前来看"高校思想政治育人合力仍有待加强、育人资源有待整合"[①]，因此，要想建立课程思政体系就需要高校在平时的教学当中教学资源、教师等方面都形成思政教育的常态化，形成全方位的高校思想政治教育模式，进而促进高校思想政治教育发展。

（三）"课程思政"的建设与发展

近几年来，人们所处的社会环境越来越复杂与多元化，因此党中央高度重视思想政治教育的发展，自党的十六大以来就制定与部署了很多重大决策。

2004年8月，中共中央、国务院就颁发了《关于进一步加强和改进大学生思想政治教育的意见》（中央16号文件），文件中深刻分析了大学生在思想政治方面所面临的严峻形式与挑战，明确指出了高校思想政治建设的基本原则、基本途径以及对学生进行思想政治教育的方法与要求。

2014年，中共中央、国务院颁布的《关于进一步加强和改进新形势下高校宣传思想工作的意见》（中央59号文件），文件中对高校进行思想政治教育的指导目标、基本原则、主要任务等方面进行了详细说明，在原先的思想政治教育的基础之上进行了新的战略部署，具体内容就是"要以立德树人为根本任务，以深入推进中国特色社会理论体系进教材进课堂进头脑为主线，以提高教师队伍思想政治素质和育人能力为基础，以加强高校网络等阵地建设为重点，充分挖掘哲学社会科学课程的思想政治教育资源，不断壮大高校主流思想舆论，积极培育和践行社会主义核心价值观，培养德智体美全面发展的社会主义建设者和接班人"。[②]

2016年习近平总书记在全国高校的思想政治教育工作会议上强调要在高校教育的全过程中进行思想政治教育工作，从而实现全面育人、全方位育人，进而形成我国高校思想政治教育的新局面。紧接着，中共中央、国务院颁发了《关于加强和改进新形势下高校思想政治工作的意见》（中央31号文件），文件中对高校思想政治工作提出了两点要求，分别是要强化思想理论教育的价值，坚持办好高校思想政治教育的理论课，从而不断地为实现中华民族伟大复兴培养优秀人才。

随着高校思想政治教育工作的不断改革与创新，可以发现党中央始终高度重

---

① 闵辉.课程思政与高校哲学社会科学育人功能[J].思想理论教育，2017（07）：21-25.
② 中共中央办公厅、国务院办公厅.关于进一步加强和改进新形势下高校宣传思想工作的意见[J].中办国办印发文件，2014（59）.

视高校的思想政治教育工作，同时还对高校的思想政治教育工作提出更高的要求，由此，高校的思想政治教育工作提出了"课程思政"这一概念，而且这种教育工作形式不仅可以为高校的思想政治教育体系提出明确的目标，而且还能构建出融会贯通的立体化思想政治教育体系。因此，高校在进行专业学科课程教育的同时还要重视学生的思想政治教育，把社会主义的核心价值内容作为高校教育的核心内容，深入了解学生的特点，从育人的核心出发，在对学生进行专业知识教育的同时还充分地挖掘出学科知识中的思想政治教育内容，从而发挥出课堂的育人作用，进而实现课堂知识传授与立德树人的有机统一。

随着科学技术的发展与进步，大学生的思想政治教育不仅面临着空前的机遇，而且同时也面临着前所未有的挑战。详细地说，在教育理念方面，出现了不能正确认识知识传授与知识价值引领之间关系的情况；在教学方式方面，思想政治教育很难与英语的学科教学合二为一；在教师队伍方面，教师在传授知识的过程中还缺少德育意识与进行德育教育的能力；在对学生的管理方面，各个学科与思想政治教育之间的结合方式与管理机制还需要进一步提升与加强。通过上述论述我们也就可以发现当前的"课程思政"建设还面临着很多的挑战与不足，因此对这些挑战与不足进行解决就是当前"课程思政"建设的重要任务。

（1）课程思政建设理念有待落实

研究发现，当前课程思政的建设还处于探索阶段，还有很多教育理念没有真正地落到实处。而且对学生的日常学习进行观察就会发现，很多学生在学习的过程中总是忽略对思想政治方面的学习。与此同时，大学生正是处于价值观念形成的关键时期，所以多元化的文化发展会给学生带来很多方面的不足与挑战。

（2）课程思政教学方法有待提升

在高校的各大学科中，英语的学科课程主要就是注重专业知识的教授而轻视德育发展，所以在英语的教学方面存在思政课程被边缘化的现象，甚至还存在学科课程与思想政治教育脱节的现象；在教师方面，有些教师还存在课程改革与教育资源整合能力不足的问题，依然采用传统的教学方式对学生进行教育，忽视学生的自主学习能力与主观能动性；在教学方法上，由于各个学科之间内容与课程设置的不同，就会导致思想政治教育在学科课程中存在缺少针对性教学的现象，从而缺少对学生情感体验与能力的培养，从而导致课堂中的思想政治教育效果不好。

（3）课程思政建设的体制机制有待进一步健全和完善

对当前高校的思想政治建设进行观察会发现，高校的思想政治建设依然存在很多脱离现有体制和机制之处，需要进一步健全和完善。比如，从教师的这个角度来看，很多教师会因为教学任务重，教学时间短，而忽略了对学生的思想政治教育，还有很多教师较为注重评职定级等方面的内容，所以很多教师在课堂上开展思想政治教育缺乏主动性，然而这也就成为了阻碍"课程思政"发展的重要因素；从管理的角度来看，很多学校都存在工作重复与工作效率低下的问题，不利于"课程思政"教育模式的建设与发展。

第二节　高校"课程思政"教学的经验借鉴与路径优化

本节通过对美国"课程思政"建设的方法与特点进行考察与总结，思考上海外国语大学在"课程思政"建设过程当中的问题与不足，从而获得更多促进思政建设的方法与经验。

一、美国高校"课程思政"的概貌和做法

（一）美国高校"课程思政"的概貌

国外高校很重视德育教育，其中主要包含爱国主义教育、价值观教育、法制教育、心理教育等，这些内容与中国的思想政治教育很相似。在国外，很多高校都将自己的德育教育放置在德育的课程教育之中，也就是中国的"课程思政"，并且这项课程主要分成显性课程与隐形课程。

学校或者教师公开承认并讲授的课程称为显性课程，也叫正式课程。从专业所讲述的内容出发，可以将课程分成专业教育与普通教育。专业教育就是指学生可以根据自己所学的知识去探索新的知识，学会新的学习方法，掌握新的技能，从而获得新的社会价值与认识。具体来说就是通过在一些专业课程知识学习的过程中，对当今社会上的一些道德、伦理等方面的内容在课堂上进行讨论与研究，这时教师就可以及时纠正学生的一些错误的想法与观念。比如在美国的历史课堂上，教师对学生进行特色教育，通过对学生的历史教育，让学生了解国家的历史

人物与历史事迹，这样学生在学习这些事迹的过程当中可以增强自己对国家的优越感与自豪感，增加对民族与国家的自信心，增强对民族的爱国之心，从而增强民族的凝聚力。除了历史教育之外，美国还进行一些普通教育，那么什么是普通教育呢？具体来说，普通教育就是通识教育，也就是对学生的知识面进行拓展教育，其内容主要包括政治观、价值观与文化观等，方式主要是采用一些历史上的文化传统来对学生进行引导，从而扩展学生的知识眼界与视野。

隐性课程就是指课外的一些事物对学生产生影响。与显性课程不同的是，隐性课程不是在课堂直接对学生进行引导，而是把教育的目的隐藏在其他活动中，让学生在不知不觉中进行学习，当前这种课程已经在美国的教学体系中广泛应用，对其研究发现主要分成以下几种活动。

第一种是校园活动与社会活动。校园活动，主要指的就是学校对学生发起的活动或者是学生自发组织的活动。校方发起的活动包括学校周年庆典、国家节日庆典等，这些活动与仪式可以让学生体会到学校的价值，体会到爱国情怀。然而学生组织的活动主要有考试的辅导、学校组织机构责任人的竞选等，学生通过参加这些活动，不仅可以增加技能，而且还可以培养公平意识与乐观的生活态度。美国康奈尔大学校内有600个社团和俱乐部，这些社团和俱乐部是学生们之间进行联络的重要媒介，同时还是学生广泛发展的良好平台。社会活动主要是指两个方面的内容，第一是指开展如反对战争活动一样的政治活动；第二是指对社会进行公益活动的社会实践活动，比如对学生进行英语辅导、服务社区等，学生经常参加这样的社会公益活动，可以对学生的思想观念产生影响，增强学生的同理心和同情心以及增强社会责任感。美国对学生进行管理的相关人员认为，学生积极参加课外活动不仅可以巩固课堂教学，而且还可以提升综合素质，让学生得到全面的发展。

第二种是对学生进行心理咨询。对美国的大学进行观察就会发现，大部分的大学都设有心理咨询机构，这些机构可以帮助学生进行心理疏导、解决心理问题。一般情况下这种心理咨询是以座谈的形式开展。而且在长期的实践中我们就可以发现，心理咨询不仅可以帮助学生解决心理问题，而且还可以帮助学生提升自我意识，从而促进学生的健康发展。

第三种是通过环境对学生进行熏陶。美国大部分的人们认为，环境会对学生的道德品质造成很深的影响，因此，美国的各大高校很注重对校园环境的建设，尤其是对图书馆的建设更加重视，他们希望通过公共环境的建筑来将校园精神渗透进去，从而在学生当中营造一个良好的学习氛围，那么营造的形式主要有对名人故居、博物馆的修建等。在这些建筑当中将"美国精神"蕴含其中，不仅可以对学生的道德意识产生影响，而且还可以对学生的行为产生影响。

（二）美国高校"课程思政"的做法

美国特有的精神与文化已经完美地融入到显性课程和隐性课程中，这是"课程思政"所追求与向往的目标，也是美国教育的成功之处。下面以美国的斯坦福大学为例，对美国的教育进行详细的了解。

为了确保所教授的基础知识具备充足性以及能够更加灵活地制订出符合学生个人需要的学位计划和目标，社会学系将所有课程分为四类，学生根据这四类课程的不同要求选择对应课程进行学习，修满规定学分、成绩达标便可以顺利得到学位证书，顺利毕业。具体内容如下。

1. 核心课程

核心课程是所有社会专业学生的必修课程，共需要 16 学分。比如《社会学导言》《社会学调查研究方法概述》，通过核心课程的学习，使学生能够完整掌握社会学的基本理论和研修方法，为之后学习知识的扩展和延伸打下了坚固的基础。

2. 基础课程

根据课程所触及的领域不同，基础课程可以被分为五类，即企业与经济社会学，社会运动、政治学与社会变革，社会心理学和人际互动过程，社会分层及社会分化，种族与族群关系。基础课程的学习要求学生至少修读 3 门课程，同时每门课程都必须归属不同类别，一共需要 12 学分。此类课程的学习不仅让学生对所学习领域的课程专业知识有了深刻认识，还对该领域相关职业有具体了解，同时也使学生对未来职业选择和规划有了初步认知。

社会运动、比较政治学与社会变革这一领域聚焦点在于政治系统和政治制度的产生、重视以及变革，而与之相关的职业包括法律、公共政策、政治机构、非营利性组织和国际性非政府组织、企业组织、咨询机构以及管理等有关的工作。研修这类课程的学生获得的不仅是书本所带来的知识，更是人生道路上的一个

"加油站"，特别是对已明确要从事这类相关工作的学生来说，与其他学生相比占据明显优势。

3. 选修课程

这类课程是社会学专业的必修课程之一，学生可以根据个人兴趣爱好选择他们想要选修的课程，如果在时间和经历上都充足的情况下全部选择是可以的，通常需要27学分。此类课程旨在帮助学生熟练地掌握基本概念和方法，保证学生广泛接触到社会学的基本问题以及研修方法，拓展和开阔了学生们的眼界，使课程教学更加灵活、更有吸引力。

4. 方法学课程

学生在学习社会学专业时至少要选择一门方法学课程，不管是定量还是定性的课程，用来补充社会学核心课程和基础课程，需要5学分。通过这类课程充分地将理论知识与实践相结合，来提高学生的实践应用能力。

下面从《城市下层阶级》这一具体课程入手，深入分析社会学英语课程。

《城市下层阶级》是社会学专业的一门基础课程，其中教师在这门课程中发挥了重要作用。教师要在上课前至少一周左右的时间将本学期的教学大纲发给学生，其中的预习、课后作业等看似常规，但是也在无形中给学生施加了学习压力。如果出现学生没有认真对待的情况，那么就不是简单的不尊师重道，更是对自己的不负责任，对大多数学生来说，这门课是自己选择的，不应该轻视或者敷衍它，即便最后顺利通过考试取得学分，但是这样敷衍和轻视的态度对自己的未来来说也是不负责任的，所以教师这一简单行为不仅是为了培养学生良好的学习习惯，更是在潜移默化中帮助他们端正做人做事的态度。

此外，教师同时也对参考书目做了细化，分为必看的、可选择性阅读的，有最近出版的新书，同时还有许多历史资料，比如2015年的《Investigation of the Ferguson Police Department》(《弗格森警察局的调查》)就被教师定为一本必读的书，如此一来学生也会下意识地进行主次判断，同时也能了解上好一门课程需要重点把握的是什么。同时在教学方式上，教师不再单一地采用硬式教育的方式，将知识灌输给学生，而是可以利用影视资料《Hoop Dreams》(《篮球梦》)和《Do the Right Thing》(《为所应为》)来丰富课堂内容，吸引学生上课时的注意力；针对课本相关知识让学生自发地进行分组、讨论、调查和最后演讲，从而真正做到理论与实践相结合，这样做不仅让学生更加了解课堂所传授的知识，同时也提高了学生的语言表达能力和逻辑思维能力。在考核方式上面，摒弃仅依靠期中、期末两次笔试定成绩的做法，加入论文写作和课堂展示等方面，让学生不过分注重理论考试，学会多角度看待问题。

二、美国高校的"课程思政"特点与启示

（一）特点

通过以上分析我们了解了美国高校英语课程的概貌和具体做法，在横跨中西方文化的基础上，我们对美国高校英语课程的特点主要总结为以下两点。

1. 在实践中渗透德育

美国的思想政治教育包含了美国的道德教育。美国高校受杜威教育思想的影响，特别注重道德教育工作，注重将道德教育工作贯穿在学校生活和各学科教学中，同时也将道德教育融入德育理念和价值准则中。为了加强德育教育，美国高校一方面把一些具体的、实用的、相对稳定的道德准则通过课堂教育的方式灌输给学生；另一方面强调实践活动，如学生活动、文体活动等形式，通过这种形式潜移默化地影响学生，让学生积极参加实践活动和社会活动。通过不断的实践活动，让学生在实践过程中增加和提高责任感以及使命感。

2. 在多元化价值取向中统一教育目标

美国是一个多民族多种族的移民国家，又被称作文化大熔炉。在价值取向方面，美国高校德育呈现出多元化。美国因为州与州之间、区与区之间的不同，导致德育教育没有统一的教学大纲和教材，各个州根据自身情况自行制定、编辑、实施，所以产生了多元化的价值取向，教育实践也会有所不同。虽然在德育多元化的背景下，美国各校在一些教育目标上还是保持高度一致，即着重提高学生的价值辨认能力，引导学生在教师的帮助下获取所需要的信息，通过自我判断得出结论，而不是强制学生去做同一抉择、决定。

通过上述例子可以看出，一方面教师对整体和细微环节的准确把控，对学生的个人品质和涵养起到关键作用；另一方面随着多样化的课堂教学发展模式，也为高校发挥育人功能、培养高尖端人才提供重要指导方针。

（二）启示

虽然美国的高校德育教育比较先进，但是同样的做法无法适应我国高校，因此，如何正确借鉴、学习美国教育是我们需要探讨的。所以通过对美国高校德育的特性和方法进行分析，可以发现我国高校的思想教育工作依旧有很多可以改进的地方。虽然美国与我国的政治体制不同，但是除去政治体制的差异外，美国高校围绕英语课程的教学工作，德育工作所取得的优异和先进的经验与做法，仍然有许多地方值得我们去学习和借鉴。

1. 在英语课教学中渗透思政教育

当前，我国大学教育中基本都是按专业对学生进行分学科教育，在各院系所开设的课程方案中，英语课程能占据80%以上[1]，但是在实际英语课教学中，教学重点往往偏向专业知识的传授，而忽略了思政教育的价值引领。这是我国高校专业教育与美国高校之间的差距，因为美国高校更注重培养爱国情怀、个人能力与综合素质，并且经过长时间的实践证明，通过渗透方式对大学生的道德进行教育，更有利于美国德育目标的整体实现。因此，在我国"课程思政"的建设中应该充分学习和借鉴美国的这种渗透式德育教学方法，将思想政治教育与英语课教育有机融合，从而形成真正的"课程思政"。因此，这就要求英语课教师在教学的过程中，除了教授专业知识外，更要有教书育人和诲人不倦的理念，开拓专业思政教育空间。具体而言，英语课教师应该克服教与育的两张皮现象，改变旧式单纯的灌输式传统教学模式，适当加入与英语课相关的社会知识内容，做到授业并传道。这样既可以达到价值渗透的目的，又可以避免英语课理论的枯燥，同时还可以更好地调动学生的积极性，从而达到思政教育与专业教育协同发展的目的。

2. 重视实践活动

美国高校德育强调社会实践是学生德育的主要使命，要求每一位学生需要亲身体验了解社会，同时更鼓励学生积极参加各种社会和社区活动。美国高校认为，单纯的课堂教学并不能让学生深刻理解实践教学的意义，只有经历过，才能掌握。美国高校德育实践证明德育教育需要取得实效性，应该尽一切可能为学生参与社会活动创造条件，从而在实践中提高个人道德素养和动手能力。与之相比，我国

---

[1] 王立，魏丹. 美国高校德育课程的特色及启示[J]. 当代教育论坛（下半月刊），2009（02）：88-90.

在德育教育方面存在明显不足,因此需要学习美国高校成功的经验和做法,通过科学合理的分配学习与实践的时间,积极开展社会实践活动,鼓励支持学生参与志愿者服务,让学生自主地投身其中,更多地接触、认识、了解社会和国情。从而培养学生自我教育和自我学习能力以及社会生存能力,培养学生们的意志力、探索性、自主性以及爱国爱校的精神,树立尊重他人、为他人服务、与人合作的协作态度。

三、"课程思政"的路径优化

(一)优化学习环境

大学是向社会输送人才的基地,所以对大学生而言,学习环境的好坏对他们的学习和成长有着深远的影响。优质富有特色的学习环境,不仅是一所大学精神风貌的高度体现,同时也有利于培养学生优良的学习习惯、高尚的品德、正确的人生价值观等。因此,创设良好的学习环境、同时优化现有学习氛围就显得尤为重要。

在一定程度上,校园环境不仅会对学生的心理造成影响,同时也可以激发学生内在潜能,促使他们在接受教育的有限时间内,进行更具有创造性的学习。因此规划合理科学的校园环境,充分发挥其怡情、励志的教育作用,同时在塑造校园文化的同时还可以达到育人的双重目的,让学校每一个角落都成为一个风景,每一处风景又蕴含深刻的教育意义。上海外国语大学松江校区就是如此,根据不同语种国家的建筑样式特色设计建造富有该国特色的专属教学楼,充分体现了学校多语种的特色,如伊斯兰风格的东方语学院、维多利亚风格的英语学院等,给学生营造出身临其境的学习环境,加深了对该语言的学习热情与兴趣。

(二)改进教学方法

推进课程思想政治建设,挖掘英语课程思政的育人功能,从而实现思想政治教育目标,高校应着力改进教学方法,摒弃灌输式的教育方法,从优化教学内容、丰富教学手段以及科学化教学三方面着手。在教学内容上,首先要制订人才培养目标,完善现有教学大纲,丰富现有课堂教学管理办法,设置完整的课程管理制度,形成课程思政教育教学的规范。深入课程当中,从专业的角度挖掘与课程相关的德育内涵和德育元素，使课程本身的育人目标更加明确、具体。为此高校和教师都要脚踏实地做好英语课程育人教学设计，同时要明确思政教育的基本内容和可执行方式，针对专业不同的课程编制与该专业相关的思政教学指南。其次，加强教材和制度建设，用好课堂教育这一基础，健全完整的课堂教学管理办法，构建规范有效的教学管理和问责机制，强化课程标准提高教学质量以及约束教学纪律。

上海外国语大学通过推进《中外时文选读》《德语经典文献阅读》等英语课程，达到了深度挖掘外语专业教学中的思想政治教育资源、开展课程思政工作的目的。例如，在教材选取上不再单一仅选取国外教材的内容，同时也开始介绍和引入中国文化和思想文献资料，如卫礼贤的《中国文化的历史》、罗伊德的《风水》、拉尔的《中医》、拜尔勒瓦的《中国宗教》以及德文版的习近平《论治国理政》节选等，使学生在提高专业语言水平的同时也可以掌握介绍中国的词汇，全面了解外国汉学家对中国文化的认知和看法，从而使大学生对中国传统文化保持敬意和自信，同时又不缺乏清醒的认知和批判性的认识，并且也能了解到外国学者对于中国文化的具体感观，有助于跨文化交流的展开。而对于没有指定教材的课程，学校鼓励教程负责人按照课程思政的要求，对相关课程材料库、辅助教材、案例等书籍进行完善，力图经过2—3学期，在完善订修培养方案、教学大纲和教案的基础上，出版新版教材，从而增加学校专业教材检核和德育库的建设，同时加强学生思想道德品质建设以及完善教书育人的思政教育体系。

此外，还应当适当加强学生在社会的实践锻炼机会。社会实践可以更加有效的将思想教育融入其中，这同时也是检验课堂教学成功的最佳途径，所以应该将这种经验延伸至课堂教育中，走进社会建团队、走进学生生活社区、走进学生网络，贯通全部教学，从而起到更好的支持学生的实践发展、社会发展以及创新创业的需求。例如，用志愿活动作为媒介，建设若干符合思想政治实践学分标准的实践基地以及服务型学习教育实践基地，强化社会实践锻炼，建立起与课堂教学并行的实践教学成绩单，告别传统式教育，鼓励学生将远大抱负落实在社会实践的探索中。

（三）完善相关机制体制

在制度保障方面，第一，要落实随堂听课的制度，从而加强教学督导。高校教学督导专家组，深入开展随堂听课活动，同时强化校领导、院系领导、其他学校领导听课制度，多方通力合作、共同关注并引导教师开展课堂教学，尤其对英语课程教学进行重点督导，对教材内容以及课堂使用情况进行重点督导，并且及时跟进课堂中的学情和教情。第二，要成立制度保障相关组织，确保课程思政工作有效推进和落实。为贯彻落实《关于构建上海高校课程思政教育教学体系的实施意见》文件精神，上海外国语大学在2017年3月和4月依次成立了课程思政教学改革领导小组和上海外国语大学课程思政指导委员会，通过成立这两个组织，统筹推进全校课程思政改革试点工作。第三，要设立课程思政建设专项激励计划，为全课程育人打下良好的基础。因课程思政建设目前还属于探索阶段，未在所有课程中有所体现，所以课程思政建设试点课程，应该被学校纳入重点课程建设名单中，并且给予课程思政教学相对充足的经费保障。上海外国语大学每年设立诸多教育教学改革研究项目和校级"课程思政"精品建设课程，激励和支持教师对课程思政工作开展针对性教学研究，并在各类评选中予以优先考虑；同时该高校还设立专项经费，用来支持课程改革的组织、研讨和推进等工作。

第二章 高校英语教学与"课程思政"的结合

随着我国科学技术飞速发展,在世界各领域都取得了优异成绩。但是,一些问题也接踵而至。这些社会问题对于刚步入社会的大学生有着一定的影响,学生的人生观、价值观、道德观、社会观等观念,都还没彻底固定下来,在思想根基不扎实的时期,很容易受到大环境影响,不能正确辨别事物的是非对错。

第一节 高校英语教学融入"课程思政"教育现状

一、课程思政背景及发展

(一)课程思政的背景

"要用好课堂教学这个主渠道,思想政治理论课要坚持在改进中加强,提升思想政治教育亲和力和针对性,满足学生成长发展需求和期待,其他各门课都要守好一段渠、种好责任田,使各类课程与思想政治理论课同向同行,形成协同效应"。[1]怎么样能够打破传统的思政教育体系,并挖掘各专业内的思想政治内容,建立良好的课堂教学过程,全方位推行主流思政,是所有教育工作者需要深思的问题。现今要以人才培养为方向,全面将专业知识加入思政教育,做到帮助现今高等院校的大学生,在学习专业的同时也能够让思想政治觉悟得到提升,使我国的教育工作更上一层楼。

课程内的思政教育当中最重要的途径是课堂教学,要想发展思政课就要进行不断地革新,升级课堂模式,让思政教育的课堂形式更多样、更通俗易懂,使学生在成长过程中得到应有的教育。将专业课内加入思政教育主要目的是为了培养

---
[1] 习近平强调:把思想政治工作贯穿教育教学全过程 开创我国高等教育事业发展新局面[J]. 中国领导科学,2017(02):4-5.

学生们的思想观念，如人生观、价值观、道德观、社会观等，各科专业课程教师应当与思政专业教师相互沟通，通过联合来共同完成思政教育的工作内容。

（二）课程思政的发展

我国开展了各高等学校的思想政治的例会以后，各高校秉承此理念、贯彻此制度并严格执行，从教学的理念、模式、思路、内容等多层方面进行升级改变，使思政课程向良好的趋势发展。各大院校也努力将课程思政这种形式，与专业性的教学内容结合在一起，帮助各高等院校学生建立正确的人生观、价值观、道德观、社会观等观念，并向着培养富有担当、勇于奉献的社会传递者与接班人的目标前进。我国在这一方面开始的时限还不长，仍然存在一些问题，只要不断地更新改进，必定会呈现出欣欣向荣的景象。

1. 树立课程思政的制度

虽然我国对各专业的思政教育工作有着足够的推广，但是在实施过程中，树立思政教学制度与各学科之间还是存在着许多衔接不上的情况，所以现在迫切需要对此进行提高与改善。例如，高等院校给予各专业老师们统一培训的条件，但是，教师培训中，涉及将思政教育形式加入进各学科教学中的培养训练少之又少，都以专业教学知识、能力等方面内容的为主。而在教师们的审核中，并没有涉及专业教师对学生们在思政方面教育所做出的成绩这一项。还因为专业老师们与思政老师的课程时限较短，对于专业的课程完成本就有难度，再加入思想政治的教育工作，则课程合理化的安排难上加难。

2. 提升思政工作观念认知

目前我国的思政教育还处于发展阶段，正在逐步的探索应该如何将思政元素融入的各学科的课程内，同时，如何让教师、学生彻底接纳也是需要时间的。对于每一名步入大学的学生来说，在整个学习生涯中不仅要面对人际关系、学业、就业等等方面的压力，还要面对社会上的各式各样的舆论与快速信息化的新闻，这些因素都会降低学生的学习意识，也会使其产生抵触的情绪，导致学习与树立正确的思想政治观念受到一定的影响；还有大量高校教师对全员育人、全程育人、全方位育人这三方面也处于刚开始理解的过程中，又加上科技飞速发展，这些快速信息就已经让许多专业老师在课程教授上就疲于奔命了，本专业的教学都要无休止的学习，才能够不与时代脱轨。再有，高校教师还要完成大量本专业的教研工作和学校的审核工作，教师们仅仅潜心传授于学生们的专业内知识就占用了大量的时间，没有过多的精力将思政教育工作融入专业内容中去，而在课外时间学生们有自己的活动与课业，也没有过多的时间配合教师们进行思政教育，这种模式下教师与学生间的沟通内容单一，教师们也就无法体会每一位学生们真实的内心变化与思想道德品质，更不用说如何帮助学生们树立健康的思想政治观念了。终上所述，有大量因素能影响到思政课程的发展。

3. 提升课程思政传授形式

在我国的课程构架中，思政与其他专业之间是存在一定隔阂的，所以想要完美融合在一起也是有难度的。现在的教师对本专业的教学尤为重视，而对学生思想道德方面却没有过多的关注，以上这种教学情况已经司空见惯。教学方式的固化，再强硬将思政思想加入不同专业的课程，就导致融合出来的课程生硬、枯燥、乏味，如果是这种教学效果，那么这样的融合是没有意义的。由此可见，让思政教育和各种专业教育相互适应、相互匹配的结合是有一定难度的，还需要对此工作进行不断地改革与创新。

二、高等院校英语课程思政的必要性

由于高等院校的学生刚进入大学，对于这种教学模式还不够适应，所以学习的能力较弱，大多数学生不清楚也不理解学习各种课程的作用是什么，在这时教师的作用就凸显出来了，不论是从教学的模式、技巧还是风格等方面，都会影响到学生日后的思想道德的发展，需要各个专业的老师进行正确的指引。现今我国的各方面都与国际接轨，对语言需求逐渐加大，因此英语课程的地位也变得十分重要。在高校的英语课程中加入思政教育也是必然的趋势。

在高等院校，对人才的教育只有在所学专业的知识和技术上会得到重视，并没有在学生的全面发展上进行调整。而在思政教育上也完全依赖于正式的课程、高校思想辅导员以及相关会议中才有学习的机会。而对于高等院校的英语课程来说，认为此课程只是辅助的作用，所以并没有获得过多的关注，在有一些高等院校中为了能够提升专业技能，就减少英语课程的时长，给专业课更多的时间学习。但是，英语不仅仅只有语言辅助的作用，还有反映生活能力与传递信息的作用，在信息化飞速发展的社会中，学习能力是很重要的，所以在英语专业学习中培养思想、道德、品质、政治是至关重要的。在英语课程内思政教育的培养，不仅能够学习到更丰富的知识，对课堂氛围也有所提升，最重要的是能够建立起承担责任的使命感，在接受大量的知识时，也不会受负面信息影响到自身端正的品质。综上所述，高等院校中对课程思政教育改革与专业课程相结合，是至关重要的。

（一）高等院校人才培养的现实需要

高等院校对于人才培养目标和普通院校的人才培养目标存在着很大的差异，高等院校主要是培养专业性比较强的专职人才，而普通院校所培养的是具有高素质的技术人才，对于专业理论要求没有高等院校的严格。在现今的工作市场中，对普通院校这种高素质的技术人才较为重视，不论是在对普通院校的人员需求上，或者工作的局限性上，都大于高等院校人才的输出，普通院校的技术人才，不论是在哪一行业工作，大多都以第一生产线上的工作为主，工作内容相对具体单一。虽然，高等院校的人才输出量没有普通学校多，但是培养出的大多都是高精尖的人才，例如，高等教育行业、金融、科技研究、工程建造等诸多方面，都需要有高等院校内的知识性人才，由于所从事的工作内容有所差异，那么在培育人才的目标与形式上有所不同。不论是什么专业、什么院校的人才，在教育时最重要的是拥有热忱、信心、责任、优秀的品质、正确的三观等，以上才是人才培养的最终目的，也是评价人才素养的根本。

我国高等院校的教学工作者对于人才培养形式，曾进行过深刻的探讨，我国的教学理念主要是科学、恰当、推陈出新。在教学方面，需要保证所学课程知识能够符合就业内容的基本构架，将学生认知、创新和科研能力的培养贯穿于课程教学的首尾，并结合实践形成高端、独特、科学的行为意识。但是，在人才培养中单方面的培养理论是不行的，对于技术也是要熟知精通的，要做到提升自身的综合能力和全面发展才是最终目的。如果想要让学生们能够成为全面发展型人才，思政教育就显得尤为重要了。只有通过思政教育融合进专业教育课程内的形式，构建成多方面的教育，才能够达到全面提升的作用。在现如今全球一体化的大趋势中，国际信息大量涌入，英语专业知识现在已经不是单纯的语言辅助工具了，更多的是传递、分析等作用，所以英语教学的目标不是单纯的停留在听、说、读、写这些层面上，需要在教学内容上、信息上呈现出多样化的形式，这样有助于拓展视野与思维，从根源上培养学生们的综合素养与品格德行，只有做到专业知识与品德浑然一体，将来进入职场以后，才能够凭借自身能力与综合素养在众多的求职者中脱颖而出。由此可见，英语课程的培养人才目标与高等院校人才培养的宗旨是不谋而合的。

（二）提升高等院校学生思想品德发展的重要途径

高校学生大部分是独生子女，脱离父母进入校园后可能会变得自由散漫，其个人主义极强，都有独特的性格特点，缺少团队意识与集体荣誉感。学习不再认真，也没有动力学习，会产生事不关己高高挂起的错误心态，沉浸在自己的世界里。这些大多都是受到社会不良风气影响所导致的，在三观方面会有一些认知的偏差。在这种情况下的学生在政治方面的觉悟也不会太高，也不会有乐于奉献忠于人民的热忱。当下负面、颓丧、腐朽的不良内容仍然存在，对学生们的影响也是无法避免的，对学生们建立正确三观影响颇深。

使用四年的时间，要让学生学会专业知识，还要注重培养学生们的思想道德、责任感、担当力与自我奉献精神等，做到全方位的培养，这样才能够让学生进入社会。事实上，想要在短短的四年内让学生树立健康的思想、端正学习态度、建立优秀的品格，也不是一件容易的事情。在教材方面，英语专业的教材要比其他专业多很多，只要教师们细心挖掘每一种类的教学教材与辅助资料并与思政思想相结合，对学生耐心的教导，久而久之耳濡目染也会有所改观，最终使学生形成自主意识，主动地接受思想政治与道德品质的优秀观念，专业学习英语的课程通过改变后，课堂内气氛更加活跃，良好的学习氛围有助于学生们发散思维，对专业更加有兴趣。所以，思政教育融入英语的课堂，最大程度的提升了学生们的综合素质，也为高等院校培养出大批的优秀人才。

（三）高校行业英语教学保证质量的内在需要

信息科技方面的快速发展，使学生能够更加直观的接触到不同国家的思想文化，这之中有利有弊，利就是能够开阔眼界，吸取优秀的文化；弊就是大数据的信息并没有筛选功能，大量不良的信息也会传入，这时的学生没有足够稳定的观念，没有辨别是非的能力，很容易使观念扭曲。所以在高等院校的教育中，教授语言知识技能的同时，还要与学生们共同探讨英语信息中心所表达的真实含义和外国文化思想的精髓，并做到去其糟粕，取其精华。通过这种相结合的方式，在课堂学习形式中学生寻找到合适的学习方法，老师也从中找到合适的教学方法。并和学生们共同研究中西方之间存在的文化差异，科学引导学生对道德文化规则的精髓和精华进行正确的领悟，进一步增强对就业的自信心，只有做到以上内容才是对英语专业融入思政教育的正确方向。因此，高等院校的英语课程内的思政教育是不可或缺的。

（四）高等院校学生思政教育发展的必要条件

"要坚持把立德树人作为中心环节，把思想政治工作贯穿教学全过程"。[①] 可以看出，树立正确的思想政治观念，不仅仅要依靠思政课堂上的内容与辅导员的培养，在各个高校的教师团队中，不论是专业课教师还是思政教师，都应该对学生们进行思政教育辅导，把教育学生们思想道德观念作为基础准则。而且思政教育也不应该仅限于思想政治课堂、专业课堂和相应的活动当中，需要在学生们的生活中悟出才可以。

在我国 2004 年 10 月公布的相关文件中说明，应发挥好各课程课堂教学对大学生思想政治教育的关键引领作用。高校应将课程思政与日常教学工作相结合，通过课堂讲授和实践活动使师生之间相互交流、相互促进，实现教书育人这一目的。高等学校的每一门课程都有其思政元素，全体教师一定要增强课程思政的意识，承担育人的重要责任和使命。通过各种方式将课程思政理念融入到日常教学活动当中，是高校开展思政课教学改革与实践的重要举措。必须在教学过程当中对各课程思政元素进行充分发掘，同时革新教学的方法和手段，对学生产生潜移默化的影响，继而快速提升其思想道德的水平。在现如今信息经济全球一体化，学生在此背景下不仅思想观念日益先进，并且在对未知和新鲜事物的理解方面，能力逐渐增强，与此同时，思想政治工作的开展也越发困难。在思政教育上仅依靠思政课，已经难以实现我们所制定的目标。但是，在英语课程内加入思政教育，不仅能够使英语课堂变得活灵活现，也让思政教育内容不再枯燥乏味，更容易被接受，并增强学生们的学习兴趣。

---

① 习近平在全国高校思想政治工作会议上强调：把思想政治工作贯穿教育教学全过程 开创我国高等教育事业发展新局面 [J]. 教育文化论坛，2016，8（06）：144.

英语课程是高等院校必须学习的课程，此科目对于未来就业有着相当大的帮助，不仅仅能够拓展就业范围，也能够将学生们的研究能力、知识水平和人文科学等方面拓展开来。由于高等院校学生思想观点的树立并不完善，因此，高等院校的学生思想辅导，是影响学生们将来如何面对社会复杂环境与拥有自主意识的重要条件。而如今我们的思想政治教育理念古板，理论性又极强，比较难以理解，不足以做到跟随时代步伐教育现如今社会的学生了。所以，为了能够适应社会的需求，将各个学科融入思政教育是十分必要的，当然英语也是思政教育大队伍当中的一部分，一方面可以教授英语方面的专业知识，对英语范围的信息资料也会有不同见解与回答，全面发展了学生们的修为，为我国培养更多的高素质人才。而此举动，不仅仅实现了思政教育方向的多面性，还将此理念合理化的进行和发展下去，还为各个高等院校建立了良好的口碑。能够实现高等院校的必要条件其实不难，但是，由于实施面积广、人数多、年龄跨度大等等因素，在此道路上的努力还需逐步加强。

三、高等院校英语课程思政的可行性

（一）高等院校英语教学中潜在的课程功能

高等院校英语的工具性、思维性、人文性很好地为思政教育提供了施展的平台。因为所有的交流都是需要语言的辅佐，在学习一门语言的同时，不仅能够学习另一种文化，还能对不同的思想观念拥有自己的见解，总结下来，语言就是一切思想与观念的传递者。学生在英语课堂上的学习，都要将专业修为当作主要目标，切记不能死守英语知识，而忽视个人素质。

在传统的大部分马克思主义理论课与思想政治教育课的课程中，往往是老师教授书本内容，课堂氛围枯燥乏味，教师疲累，学生也没有办法集中注意力。这就是传统的教学方式的弊端，单一的课堂形式也一直是高等院校教育中存在的一大难题。而将思政课程与英语课程相结合，并加入相应的实践活动，可以大幅度提高学生的学习兴趣。这样一来，课程中就不是只有单一的英语知识，学生也接受到了思想政治教育。随着课堂内容的不断发展，一些先进的文化思想也会随着时间转变，潜移默化地将学生们行为思想渐渐地向好的方向转变，这就有效实现了思政课与英语课程的结合,从而有助于实现教育的最终目的。

在课堂中还存在潜在的课堂功能,通过教师课堂教授中的耳濡目染、语言暗示与学生们的不经意的效仿,都在无形间将思政观念灌输给学生,也是在悄无声息中逐步修缮品质,建立优良品格。相对于原有的马克思主义理论课与思想政治教育课的课堂形式,通过英语课程中形式的体现,潜意识下不经意间就转化了学习的内容,将学生正确的人生观、价值观、道德观、社会观等优秀观念培养而成。

（二）高等院校英语教育与思政教育共同的目标

英语作为辅助性的语言工具,不仅能够通过语言解读大量的西方相关信息,也具有运用专业知识对其沟通交流与处理相应问题的本领,还能在基础知识上加以填充与拓展,使得英语的发展更加全面。既能为就业提供良好的条件,也能够实现将来个人生活学习的自由性。英语在思想道德方面与人文精神方面都格外突出,在英语课程的教授过程中,不论是语句、语法、单词、口语等,都脱离不了整体语境。在专业的英语教材中有大量有关于人文文化的内容,所以专业的英语课程,需要以培养日后就业工作内容为目的。能够让学生对学习任何一个科目都有足够的兴趣,才是尤为重要的的工作内容。

学习任何一门学科都是有法则可以遵循的,首先可以从较为容易的单词、语法入手,在逐渐地将语句、语境融入进去,这种循序渐进的方法最传统,恰巧也是最好的学习方法。在此教育形式上与思想政治教育理念是如出一辙的。正常情况下,我们会认为英语的教学和思政教学是完全没有关系的两个专业,但是,英语教育和思政教育中的人文、思想等方面其实还是很相似的,只要找到共同的相交点就能够将思想道德潜移默化的传递给每一个学生。英语具有辅助性,只要传递的是语言,能够承载人文与思想,就能够轻松的将思想政治融入其中,为学生培养高素质的品行与良好的职业道德素养。

（三）高校英语与思想政治教育之间的推动作用

在高等院校,英语教学拥有非常丰富的内容,但是,最主要的目的还是为了让学生在就业时能够得到帮助,彻底实现学以致用,不论在表达、沟通、书写、分析各个方面都能做到精益求精,并能结合生活场景使用,做到个人的专业能力能够完全支持主要学习目的。在英语的教育过程中,只要教育的度调整得恰当,就能在为学生提升专业知识行为的同时,将我国社会主义价值观完美地体现出来,能够为学生树立正确的信念与思想,在提高了职业道德精神的同时,也能将学生的标新立异、革故鼎新、奉公守法、兢兢业业的职业素养最大化地培养出来。

而从传授方面来说,以学生兴趣为出发点,英语教师选用各式各样的教学形式,提升学生们对专业学习的激情,可以让学生踊跃地在课堂内与教师们互动,教师再逐渐地加入思想政治方面的话题,潜移默化地影响每一位学生的思想观念,通过以上方法教授学生们该如何在社会的大环境中筛选出适合自己的正确观念。高等院校的英语教育与思想政治的教育从名字上不难看出是两种不同的课程,不仅仅是学生不能区分出内在的关系,同样也包括教师对其内在的知识,也不能一下就看透。在英语课堂内的思想政治观念的教育,不仅增加了各个高等院校的思想政治教育的工作平台,也将思想政治教育结合进英语的课堂,还引领了英语课堂课程内容向着党的指导方针方向前进。两者的结合可以说是利大于弊,起到了共同发展进步的重要作用。

(四)高校英语课程教师的课堂影响力

学生们在接受教育的过程中,对课堂内容是否能够完全接受,与老师的上课方式有这极大关系。相同的课程,如果老师能够生动形象地展现出授课内容,就能使学生理解的效果与专业兴趣大大提升,进而呈现完美的课堂氛围。相反如果教师总是照本宣科,这样的课堂犹如死水,没有活性,不仅老师得不到学生的欢迎,学生还会对此专业课程慢慢产生厌恶感,这样我们的教学就了失去意义。能够做到活跃课堂气氛,能够将自己的感情色彩渲染到整个课堂上,此种上课形式不是件容易的事情,但是,能够掌握此技能的教师并不占多数。

当学生真正接受了一位老师后,对老师的一举一动、言行举止、思想品质都会存有崇敬的心态,以致于大部分学生还会进行模仿。专业的英语老师的思维模式,会受到英语国家的教育模式影响,在看待一些新奇的东西的时候,能够拥有自己正确的见解,还乐于与学生分享,在上课过程中形式丰富不死板,从而快速缩短师生两者的距离,让师生的关系更亲密。尽管专业的英语教师并不是思想政治的专业教师,但是能在英语中提炼出思想政治与文化品德的意义,并教授于学生,使得学生能够公正体会思想政治的真谛,就是完成了教师最重要的职责。

四、高校英语课程内的思政现有问题

英语的教授者，也是英语课程思政教育的传播者，在上课过程中能否将思想政治与道德观念加入所学知识当中，这是影响英语课程内思政教育的重要因素。曾有相关教育者对于英语课程中思政教育的真实情况进行了实质性的调查，在高校内选了十名英语专业教师，向他们了解了对英语课程内加入思想政治理念有什么看法，和真正加入后会如何去做，还有如果在课堂上加入思政教育会有哪些担心。

在这些老师们的表述里，都认为课堂内加入思政教育尤为重要，也符合国家的号召。在如今的教育行业中，高等院校必须将人才培养形式做到合作统一，让每一位教师在传授学生们思想品德理念方面都做出相应的成绩。英语专业的教师们一致认为英语课程中加入思政教育是可以实现的。在英语的教学中课程也是有相应的安排的，每一章节都有相应学习重点，在课程时间的安排上也相对紧张，只能捡重点进行讲解，次重点都没有时间进行扩展。在这一方面老师们就会有所顾虑，在专业课本来就紧张的时间内再发掘思想、道德、政治的内容比较困难，即使找到了英语内的思想道德、政治思想，也不知道该如何自然地融入专业知识内，害怕僵硬输出产生相反的效果。在各个专业内设有思政教育，但是，并没有对此教育有任何考核，这样也不会引起学生们的重视，这些都是影响英语内思政教育的关键。

通过对上述几位英语教师表达内容进行总结，英语教师在上课的过程中应该自然地加入思政元素，以协助学生们建立坚定政治决心、增强文化自信、提升职业道德修为。而大部分的学生也很愿意接受课程内的思政教育形式。在得到学生们的支持以后，各高校的专业老师们也积极地响应，并根据现如今学生们的风格特点与喜好，以新潮的形式将思政内容融入专业内容中，教师们也更加希望能够凭借着自身的能力逐步将学生引领到更加完美的道路上。虽然课程思政教育在不断的发展，但是，具体执行起来还是有一定难度的，这就需要通过学校、教师、学生三方共同努力。发现问题并解决问题，才是正确发展的做法。

（一）教学目标中的不足

首先在高等院校的课程安排上就要符合国情，以将来就业为主要目的，要以专业知识、技能、职业道德培养为主。现今社会是需要全面发展的人才，那么，想要提高学生们的综合素质，在课程安排上就要精心考虑后才可以安排。在英语的课程安排中主要以培养专业知识、能力、专业综合素质为主，而思想政治方面的教育基本没有涉及到。尽管在课堂上遇到了关于思想道德品质的问题，也没有很好的解决与给予建设性的意见，只对专业知识与技能过于关注，即便大多数教师认为思想道德要比专业知识更加重要，但是，也不能因此占用大部分学生们专业知识与技能的学习，所以只能草草了事，还有一些老师是想在课堂内教育，但是，寻找不到恰当的时机，也没有很好的融合点将思政教育加入，如此恶性循环就导致课程内的思政教育发展缓慢。

(二) 教学理念的不足

在教学过程中，教师们的思想、看法、观念等等因素都对教学理念有所影响，教师也需要持续提升个人的素养，完善自身的教育理念，才能够拥有良好的教育效果。在我国的教育长期发展中，过于重视纸张上的成绩、等级、证书，而真正能力方面并不重视。就算英语中会涉及到思政教育，也仅有少部分的教师能够将这些元素运用得当，在学习英语知识的时候，慢慢地将思想政治观念注入学生的思维当中。在课堂实操中，有一些老师将思政观念融入专业知识内，但是，所得到的效果并不理想。

在各个高等院校中英语专业教师觉得自己是没有义务传输思政教育的，也觉得此类的工作应该由思政教师与各个学院的辅导员传授完成，专业课教师认为只要教授好专业课就可以，在育人方面严重缺乏使命感，许多的专业老师也不会考虑到思政教育在学生们日后就业过程中的影响。教师如果在课程中一点都不涉及思政教育方面的问题，则根据课程规划内的人文精神、思想精神都会被忽略掉，这样教材也失去了意义。要做到深究英语课程内的思想政治元素，就要在课程中涉及相关内容。不过这样就会让教师们的工作内容量加大，也许会产生不必要的困扰。身为高等院校的教育工作者，秉承着对学生负责、对学校负责、对国家的负责的工作态度，在工作时必须要建立正确的思政教育的观念，要对三观有正确的见解，并将此思想落实在每一节的专业课内。

（三）教学过程中的不足

关于英语思政教学过程中的实践情况，有相关调研者进行了实地的调查，并记录了课程中的实况。经过了一系列的记录与分析最终得出以下结论。

在学生课堂方面：大部分的学生觉得教师在上课期间涉及到的思政教育，都是在交流应该如何学习思政，实质上没有教授与专业相关的思政观念，还是以英语知识为基准。就算有思政教育的想法，也因为做的预备工作不完全，强加思政内容进入课堂而显得生硬，学生们听起来也觉得很尴尬，认为完全没有意义。而且英语的课堂想要将思政内容与我国的文化思想结合起来，是有一定难度的。以致于教师们教授思政思想学生们都理解不了，不明白教师真正想要表达的思想。

在教师授课方面：在教师们授课的过程中教师都尽力将思政教育融入专业课堂内容中，但是，即使在专业课程内容中遇到思政内容时，由于课程时长太短只能言简意赅地略过，要不就干脆放弃不讲，因为英语课是需要考试的，而英语课程内的思政是不需要的，所以在这方面孰轻孰重一眼便知晓，专业老师都会偏向于本专业，对于英语思政不会浪费过多的时间。再有英语专业的教师不是思政专业教师，对于思政相关知识也不是特别熟悉，没有办法很好地讲解给学生，如此教授给学生再产生适得其反的作用反而不好。还有在授课过程中，大多教师由于课程进度的关系，会大量灌输专业知识，忽略掉了师生之间的关系，师生之间的关系过于疏远，在这种关系下传授思政教育，学生根本不会在意老师说什么。极个别教师还认为在专业课程上教授思政意识是浪费时间的行为，觉得同样的时间运用在专业知识上更好。以上做法其实都不利于学生的综合发展。

以上总结了学生与教师之间所存在的问题，思想政治意识对于融入专业课程还是欠缺的，光依赖于思想政治专业的力量是有限的，其实每一门专业都应该发展成相关平台，这样才有立于思政的全面发展。

（四）教育内容中的不足

在我国的教育事业上，所有英语方面的教材都很少涉及思政教育的内容。不论是语句还是语篇上都很少出现，为了体现专业性，教材内容都以专业性质的内容为主，保留原文不加以改动。而在英语专业教材的编纂上，文章的主题、内容都会统一以专业理论性、功能性、实用性为主，这样就没有过多的精力安排思想政治内容，因此也就缺少了加入思政教育的机会。大部分编纂出的教材都是以介绍国外的行业文化、行业新思想为主，而在教材中真正体现了我国专业文化的内容微乎其微。在教材中能够涉及到学生们将来就业时的言而守信、实事求是、兢兢业业的职业品德少之又少。现今高等院校使用的教材主要是以语言之间的沟通交流为主。随着社会变迁，信息技术的更新换代，传统的教学材料已经不足以培养学生们了。

（五）评价机制中的不足

想要了解思政教育添加进课堂中能拥有什么样的结果，不是一朝一夕就能够完成的，是需要长时间的积淀；想在短时间内就有所改变，可能性微乎其微，有很多时候学生们毕业或就业后才回想起来，才明白老师们教育学生的良苦用心，才能够真正地理解老师。但是，不论老师将思政教育怎样融入专业知识，怎样努力培养学生们的品德，也并不会对老师在课程思政教育给予任何评价，因为各方面只会针对于教师的专业知识是否扎实、专业技巧是否高超进行评价，根本不会在乎教师对于学生们的思政教育是否有经验和耐心，而学校方面也不会因为专业教师的思政教育方面完成得好就嘉奖专业教师，由于有专业的思政课程和思政老师，所以就算是英语课程的思政教育取得成绩，学校可能也不认为与英语专业老师有直接关系。由于以上原因各个专业的教师就对思政教育工作逐渐放松，逐渐不重视课程思政。大量的课程内容，教师们繁多的工作考核，学校也没有对思政教育的奖惩政策，这都是阻碍思政教育发展的问题所在。所以，合理的评价机制，就显得无比重要。

五、对涉及的问题进行分析

（一）英语教师的思政教育和管理能力不足

现今英语专业的发展不是只要精通相关的知识就可以的，主流的思想政治素养是尤为重要的，不过，不单单是学生身上会产生问题，守旧的教师或对于新鲜事物接受慢的老教师，也有可能会存在此方面的问题，因为我国除了思政专业的教师，其他学科教师也没有充足的时间进行此方面的培训与学习，更没有时间深究和自己相关专业内的思政知识，由于对专业内的思政知识了解得不透彻，以致于在融合专业的时候非常困难。还有许多英语的教师专业知识都非常扎实，但是，拥有正规教师思政培训的机会少之又少，即使是培训过，由于间隔时间太长也会逐渐忘记。所以，不论是哪一专业的教师都要做到，依据教学经验的内容，通过将时政新闻、热点、论坛等相关的思政问题的信息相结合，能够做到推陈出新，这样不仅能提升教师的个人综合素质，还能寻找到现今的教育形式和教育题材，逐步寻找到适合英语课程思政的稳定教育模式，进而能够长期地发展此教育形式。

（二）英语教师思政教育意识和情感投入不足

为响应我国课程思政的号召，各大高等院校积极地开设课程思政教育，对思政教育也积极地安排，有些高校还设计了思政课程的研究科研项目，足以能够看出对思政教育工作热情的态度。在我国提出要大力发展素质教育以后，每一位教师都是思想政治传播的主要载体，能不能有效地传播与教育，极大地影响着将来学生的三观、品格等方面，随之也影响着课程思政的目的。但是，不得不说有少部分的教师对于思政意识是淡薄的，对于此工作内容没有用心探索与钻研过。不少专业教师依旧认为专业知识更重要，但是"教书育人"不是只做到教授专业知识就可以的，学生的品质培养更为重要。

在我国应试教育的填压下，许多高等院校对于如何开展执行课程思政持观望的态度，对于如何将思政教育融入专业知识也摸不到头脑，对于专业知识与思政教育之间融合后的有利关系也没有相应的概念，在授课过程中更在乎语言技能，以上均是大大影响英语课程中思政教育的功能不足的原因。有一些教师对于自身政治素养的提升与职业道德规范的培养不够，对英语相关的知识理解得也不够透彻。还有一部分教师是海外回归的，由于在西方国受教育时间过长，会产生西方思维，对我国的知识文化了解得不够透彻，再加上工作时长太短，也没有足够的时间透彻地研究我们思想政治的真正意义，而且也会觉得自身的言谈举止不会影响到学生们。所以，教师作为思政教育的引导者，首先要端正自己对课程融入思政教育的态度，再对学生的教育中花费更多的精力。在教学过程中要兼顾专业知识的传授和对学生思想道德的培养，潜移默化地让学生树立正确的观念。

（三）高校英语教材中介绍中国相关文化的不足

学生在学习语言知识都是通过课本教材，高等院校的英语课程中所使用的教材就更加在意教材的专业性与专业技巧的应用。教材大多都以西方国家的风俗文化为主，以强调西方国家的新思想、理念为主，而相关书籍中对我国的英语专业发展趋势和从事这一职业的该拥有怎样的职业操守基本没有提及过。既然是我们国家学习英语的相应教材，就应该介入更符合我国国情的内容。在学习一门知识的时候，不是仅限于课本上的内容，"死学硬记"这样的学习形式必须要淘汰掉，应该在学习一门知识的同时，还要学习此专业所需要的职场需求与职业道德，这样才能扩宽求职道路。培养高标准、高素质的英语人才离不开个人自身的努力，离不开相关教材的辅助，也离不开教师们的栽培与学校、国家的多方努力。

（四）部分英语教师思政教学经验不足

高等院校中的英语教师大部分都是综合能力极强且高学历的，但是也仅限于自己的专业知识，对于思想政治方面就没有过多的涉及，传授英语专业知识的时候也没有涉及过思政教育问题，再加上每一位英语教师长期接受英语文化思想的教育，比较容易受到西方思想的影响，不能及时地发觉教材中的思政元素；也有教师发现了思政元素的内容，由于不知道怎样向学生传递，最后选择弃舍。"课程思政"不是思政课的复刻，不是把思政课原封不动地搬到专业课上。课程思政教育的内容包含了一切能够培养学生思想道德素质的元素，还会涉及思政课中没有的内容，知识面更加广泛。英语课堂中的思政元素包括团结合作精神、工匠精神、敬业精神、劳模精神、创新精神等。综上所述，在课程思政中有许多值得深究的思政教育内容，如果在课堂中能够巧妙使用，则会使学生们受益匪浅。

（五）教学团队的作用不足

我国的课程思政教育还在初步实践的阶段，具体如何实施课程思政教育的工作，目前还没形成固定的体系。想要将这项工作开展得顺利，应组建一个专业的教研团队，专注课程思政的教育工作，团队集体挖掘探究不同专业教材内的思政教育元素，并结合课程实践的基础上，研究出统一的适合教学标准和课程思政的考核标准。

教学的过程不是依靠个人力量就能够胜任的，团队合作才应该占主导地位，充分利用团队的作用，能够让思政教育在英语专业课程中拥有完美的呈现。专业的教师团队可以让英语课程内的思政教育落实到基层，同时也能够提升教师们的课程思政能力。与此同时，教研团队还需要开定期的研讨会，针对教学中遇到的疑难问题集中解决，给英语专业中的思政教育工作做好辅助。由于教师们的课业繁忙，当拿到统一的教学大纲后，还是会使用原本的教学体系，很少使用统一的大纲。当参加教研会的时候也只是谈论本专业的内容，对课程思政教育的问题极少涉及。

第二节 高校英语教学与"课程思政"结合的意义

一、高校英语课程思政的原则

（一）坚定英语教学与育人相结合原则

在英语的课程思政中，要坚定课程英语知识与思想育人观念相结合的规则，不要只为响应号召就执着于思政教育而破坏英语专业知识的组织。但是，也不能只重视课程的发展而忽略学生的思想道德发展。课程思政并不是将所有的课程变成思想政治的课，而是保持英语课不变的基础上融入思政的思想。可以在教学过程中加入我国的历史文化、思想道德、职业精神等，做到让学生在英语课程中不仅能学习到专业知识，在德育方面也能接受到最好的培养。

（二）坚持循序渐进原则

英语思政教育培养学生时，需要根据学生的具体情况具体分析，选择适合的思政教育模式将其逐渐地深入课程内容当中。英语专业知识有层次之分——由浅至深的递增，同样思政教育也是由浅至深，在传授思政知识的时候会出现重复的的概念，不要因为重复就舍弃，要根据课堂状况和学生表现情况具体分析后选择是否使用。课程思政教育要在学生入学的时候就做好规划，在学生正式上课时，就能井然有序地传授思政教育思想，学生可以系统地学习到思政观念。保持环环相扣、循序渐进的准则，能使整个教学计划完整展现，从而提升课堂的教育效果。

（三）坚持自然适度、潜移默化原则

英语课程给思政教育提供了良好的平台，这都取决于英语自身的人文性质，

要在英语课堂内容中融入思政，教师一定要在专业知识的基础上延伸加入思政教育，避免强硬融入，要自然地融入，如果不能做到自然巧妙地融入思政教育知识，就算不加也不要强加。思政教育本身是想潜移默化影响学生思维，强加可能会出现相反的效果。

英语教师应该透彻了解专业性质，将教育性、知识性、人文性、思想性融为一体。在教授知识时必须依据教学内容的安排，不合章法的对学生进行思政教育，不仅不能潜移默化影响学生思想，还会让学生产生排斥心理，失去学习的信心，同时也破坏了英语知识的架构，对专业知识的学习也会有影响，这样就失去了课程思政的教育意义。所以选择正确的思政教育模式、具体问题具体分析和因材施教是非常重要的，这些都影响着教师授课与学生心理，也影响着师生之间的关系。

二、高校英语课程思政的道路

英语课程思政教育工作的开展离不开国家与院校领导的支持，同样也离不开教师、教材、教学方法与相关课外活动。

（一）教师对英语课程思政实施

英语教师对英语课程思政教育的执行有着重要的作用。在传授英语专业知识的同时，还能潜移默化将思政观念灌输给学生，这对教师的思想政治水平、教书育人职业操守、专业知识与技能的培养有较高的要求。假设英语教师本身的思想政治水平不够高，肯定对思政元素的内涵就了解不够，在课堂上执行思政教育就达不到想要的效果，可能还会产生相反的效果。高校学生进入校园后，教师在这四年间不仅负责言传身教，还是学生生活中的益友。师生间要保持衣钵相传的关系，这利于学生亲其师，信其道，拥有良好传授教育的机会。

一位好的教师不仅能传授专业知识技能，还能在思想上做正确的引导。如今我国的信息飞速发展，可以通过各种的媒介和方法获取全球的文化信息，在这个时代背景下，教师的作用也不再是传授专业知识那么简单，而是在教授知识的同时也要培养学生自主思考的意识，更加重视学生们精神层面的教育工作，为学生遇到问题时能独自面对困难做好预备工作。英语课程思政教育能够顺利进行的重点在于教师们自身思政观念的提升，教师良好的思政观念，才是思政教育的基础，良好的基础才能保障课堂的高标准。所以，高等院校教师自身优秀的思政观念，是影响"课程思政"建设的重要因素。

1. 提升英语教师思想政治教育意识和能力

高校的思想政治工作，关系到高校要培养怎样的人才，怎样育人，为谁育人，应坚持立德树人这一中心环节，将思想政治工作贯穿和渗透于教育教学的始终，做到全方位和全程育人，尽最大的努力开创中国高等教育事业的全新局面。由此，可以看出高等院校想要培养综合素质高的学生，就必须要对思想道德树立正确观念。在引领学生树立正确观念的时候，教师最先要做到拥有坚定的共产主义信仰，拥护党的正确领导，遵章守纪，有高尚的思想品德，诚信文明善良，师德高尚，热爱教育事业，这样才能起到言传身教的作用。当学生陷入思想误区的时候，教师能及时发现并给予建设性的意见，引领学生回归正确思想轨道。

现如今全球信息多元化，需要大量语言方向的优秀人才，所以英语专业教师在培养综合性英语人才方面，就背负了巨大的压力和挑战。一些高等院校的英语教师有长期的西方文化学习的经历，思想上多少都会受到西方文化的影响。可以充分利用此经验，将教材与课堂辅助教材内的思政元素提炼出来，与我国的文化思想进行对比，让学生在课堂上自己分析对比，教师从侧面帮助学生将其引领到正确的观点上，与此同时还能增强学生对我国民族文化的信仰。要达到上述水平对专业教师自身的要求也是颇高的。所以，想要让课程思政教育向高质量的方向发展，英语教师的思想政治观念就要不断地提升。

教师良好的思政意识与育人品质，才是发展课程思政的关键。必须跟随党的步伐，与党的思想统一，要坚守社会主义核心价值观、马克思主义思想、文化本质和文化理想，也要坚持中国特色社会主义道路的理论自信、制度自信等。各专业教师不仅对专业知识有责任感，对思政教育也同样要有责任感，在教授学生的同时也要做到不断自我提升，发掘每一点思政内容的真正含义，对社会核心价值观的内涵也要深究，使自身的格局逐步加大，只有教师的思想格局提升，才能真正帮助到学生，彻底实现思政教育的意义。

2. 提升英语教师职业道德素养

师德，从字面意思看指的是教师的公德，具体而言就是教师为更好的维护社会公共利益，应该充分遵循的社会公共道德。由此可见，德高望重且和蔼可亲的教师更加受学生的喜爱。教师的职业道德要做到应知应做、必知必做，真正把教书育人和自我修养结合起来，时刻自重、自省、自警、自励、自觉，做以德立身、以德立学、以德施教、以德育德的楷模，维护教师职业形象，提振师道尊严。在教学的同时也要留意学生的心理发展，能够帮助学生建立心理上的防护伞，让学生对学习充满信心。师德，是教师工作的核心，可以用"师爱为魂，学高为师，身正为范"作为总结。教师通过教学，一方面可以向学生传授知识，另一方面也可以打动他们的心灵，继而让他们的素质得到快速提升，从某种意义上看这是判断教师是否具备职业素养的根本标尺，也是他们具备职业素养的重要指标之一。想要成为一名这样的教师，必须对教师职业保持热情，除此之外还必须有不断进取，努力向前的精神。

现今在我国高等院校的教育中，大多数学生抗拒学习，学生的课堂让教师没有办法展现自身价值，学生的课堂状态也会从侧面影响到教师的情绪，例如，对自我认同感降低，对于课堂失去信心等。对于英语教师而言，更应该提升责任感，因为英语专业在教学上本身就有难度，外语课程内的问题在理解上就要比一般专业复杂很多，其中不仅涉及到专业知识与技能，还有不同国家的人文、思想、历史等等，所以分析起来更繁琐，这样就需要教师花费更多的时间去了解学生，了解其学习方面存在哪些问题，并具体问题具体分析，寻找相关的思政概念，定制相应的课程计划加以改变教学方法，帮助学生解决实质的困难，秉持着"不抛弃，不放弃"的原则。英语教师要在专业理念上，进行不断更新、转变、完善，使用思想政治理论作为盾牌，给予自身最好的保护，做到言传身教、以身作则，通过教师的言谈举止潜移默化影响学生的思想。综上所述，一名优秀的教师在拥有扎实的专业知识技能的基础上，要不断提升自我思想政治觉悟，还要有对新鲜事物进行探索与追求的心，只有完善教师自身的素质，才能引领学生不断地学习主流思想文化知识。

3. 提升英语教师英语任教水平

英语教师教学水平的高低，除了会在一定程度上对学生英语专业知识的学习有直接影响以外，还会影响学生思想道德水平的进步与发展，因此要在课堂教学的过程中潜移默化地将思政元素融入专业知识范围内，强化教学理念，注重职业素养的培养和教学模式的转变与更新。作为一名优秀的英语专业教师，自身的道德品质才是重中之重，教师拥有正确的思想政治理念后，加强对英语和我国的思政理念的研究，同时还要多关心学生的心理发展，在此基础上，全面培养学生的奉献精神。

（二）英语课程思政内容的来源

1. 探究英语教材中思政教育元素

在《关于进一步加强和改进大学生思想政治教育的意见》中明确指出"要深入发掘各类课程的思想政治教育资源。"[①]课程内容是教学之根本，那么英语课程内思政教育的发展，需要对英语专业教材中包含的思政元素进行深度挖掘与探索。众所周知，英语课程作为一门语言性课程，语言不只是当作沟通的工具使用，每一种语言都有自己的思想性质。英语教师要具备深层挖掘英语教材内思政元素的能力，并且要积极、主动发现社会主义核心价值观和英语专业教学内容两者之间的共同点和互通点，通过潜意识的授课方式，在课堂上将其教授给学生，在潜意识的学习里体会思想政治与道德品质对思想上潜移默化的影响，并理性面对社会中存在的问题，达到知识与思想上的互利共生。英语教师需要反复对教材进行剖析，只有全面了解每一章节的内容，才能从中提炼出有用的思政元素，在教学过程中做到充分灵活地使用，对教学内容也可以有所取舍。合理探究与发掘教材内的思政元素，有利于科学地进行思政教育。

英语教材中一眼就能发掘的政治元素少之又少，但只要潜心探究则不难发现，符合课程思政的思想政治元素是非常多的。教师在课程当中需要灵活使用，不能把全部精力都放在语言知识与技能上，要从教材内容中获取更多思政信息，用在课程思政教学上。例如，在英语单词的讲解时，就可以加入我国的文化，借此机会将我国积极向上、坚韧励志等精神状态潜移默化地灌输给学生；也可以在讲述外国文化时与我国的文化进行对比，这不仅将我国优秀的文化知识传授给了学生，还能对国外的思想文化取其精华去其糟粕。通过长时间的积淀，学生肯定可以从中获取正能量，健康地成长。

---

① 中共中央国务院发出《关于进一步加强和改进大学生思想政治教育的意见》[N].人民日报，2004-10-15.

2.在教学中传输思想政治教育要求

在教学中，课程教材的内容，是英语课程思政教育成功与否的关键，目前我国所有的英语教材内容，基本来源于英国与美国的网站与媒体对科学、文化、信息等方面的介绍与新闻，虽然这些内容有效拓宽了学生接触知识的范围，但是，里面讲述的知识、技术、思想内容只有国外的，没有涉及我国任何的思政文化与科技文化。所以，这样的教材内容就不利于我们英语课程思政教育的开展，甚至有些学生还会产生崇洋媚外的心理，对本民族的思想政治文化不认可，这样就严重地影响学生树立整正确的思政观念。也正是因为如此，在编写英语教材内容的过程当中编撰者需要综合思考，投入大量的时间和精力，把蕴含我国民族特点文章融进英语教材中，再增加一些符合我国国情的职业道德准则与文化教育思想的内容，并在每一个学识单元都加入一定的思政教育的内容，形成英语专业技能与思想政治教育一体化的教材，也可以将社会热点关注问题融入教材让学生进行分析判断，为传统英语教材内的思政缺失做好充分地补充，这样做还可以防止生拉硬靠地将思政融入英语课堂内，引起学生的反感。学习就是吸收一切对自身有益处的文化知识，不仅是专业技能方面，思想方面也一样重要，两者都可以增强自我认同感，就看如何学习与使用。

3.创新的教学内容融入思政教育

教材是课程的关键，想要在英语课程中体现课程思政教育的作用，就要在教学的形式上进行改变。将一些符合国情的热点事件、时事政治编纂进教材内，能够有效的让学生对热点事件进行分析从而培养自主意识，自主选择正确的思政观念，逐渐地培养出自我判别是非的能力。也可以在课程教材的内容中加入我国各个行业杰出的人物事迹，从知识、思想、精神、技能等方面介绍，从侧面展现每一位丰功伟绩人才的职业道德精神，让学生们了解什么是职业精神，并增加相对应的问题供学生思考，从而起到潜移默化影响思政教育的作用。这样做不仅能培养学生们思想道德与职业操守，还可以培养热爱祖国、无私奉献、出苦耐劳、积极向上、团结向上的思想观念。

(三)英语课程思政教学手段

1.课堂教学设计中融入思想政治教育

想在英语课堂中加入思政元素，不单单要挖掘教材内容中的思政元素，教师在授课过程中也要对教学模式进行改变设计。把学生的行为思想作为课堂的重点，只有推翻传统的教学观念，树立正确的教学观念，坚持以人为本的理念，在这基础上，使用体验式与任务型教学法，给予学生更多练习职场英语的机会，对加强学生专业知识有重要的作用，也能够提升学生的职场应变能力与思辨能力。

英语专业教学实际上能够分成以下三个不同的阶段：第一阶段是课前挖掘；第二阶段是课中融入；第三阶段是课后巩固。其中，英语教师应该在课前和课后加入与专业内容相贴合的思政元素，在学生学习专业知识的同时，不知不觉地吸收优异的思政思想。在传授学生英语知识的过程当中，教师应该在充分考虑之后将多个方面融合在一起，如教学要求、考核方式等，全方位培养学生艰苦朴素、任重道远、锲而不舍的优良品质，让学生逐渐拥有良好职业素养。课前的预备工作，教师要深究课堂内容中隐藏的思政元素，并结合实时政治与热点话题，以丰富多样的形式在课堂中呈现。在上课的过程中，教师可以设计相应的辩论会，这不仅可以活跃课堂氛围，也可以很好地拉近师生之间的关系，通过辩论的形式将思政意识灌输给学生。在课程的最后，教师依照顺序将整节课的内容带领学生梳理，与学生共同总结，这样做能够帮助学生建立良好的价值观思维。再布置与本节课内容相关的作业，起到巩固、反思、消化、拓展的作用。一节完整的课程按着这三步骤走，可以有效帮助学生提高思想政治观念。

2. 改革教学方法调动学生积极性

目前我国的课堂形式单一乏味，不重视教学模式的多样性。由于时间短、课业压力大，大多教师都是照本宣科，课本上的内容怎样安排就怎样机械讲解，不论是单词、语法还是语句都是按部就班的讲解，不会发散思维与拓展知识。这种填鸭式教育与现今社会发展趋势相违背。

高等院校的英语教学必须要推陈出新，在课堂内加入实时新闻与热点话题，在这基础上再融入与课堂内容相关的活动，充分地调动学生们的积极性。英语教学中要始终坚持"活的、真的、动的、用的"的思想观念，对英语教材进行有效利用，发掘教材内容中优异的思想，并使用该思想对学生进行疏导。想要在英语课程思政中取得良好的成就，就应该发掘更多课程形式与课程辅助资料，调动学生对英语课程思政学习的积极性。

在课程中可以采用音响、视频、图片、故事、演讲等形式，以带动课堂气氛，除此之外也能够借助不同的方法，如翻转课堂、问题讨论等，将思想价值观念融入教学，从而促使学生在任务的鞭策和驱动下努力学习，最终快速全面掌握知识点。另外，英语教师还可以将学生划分为数个学习小组，让学生与学生之间相互合作，共同完成预留的任务，这样做不仅培养了学生们的团结协作与社交能力，还培养了学生发现问题解决问题的能力和自主思考的能力，一举多得。在完成任务后还会有小组发言的环节，每个小组都进行自我观点的阐述，能让学生们扩展思维，对一个事物有不同的见解。例如，在中西方文化差异方面，就可以让学生进行深刻的讨论，使用热点话题与实时新闻再结合中西方文化的差异，进行深刻的辩论，这种形式就可以引发学生们进行深思，不仅培养了团队精神，也培养学生的发散思维。

3. "德育为先"的育人理念

教书育人中所表述的育人主角就是学生，学生积极参加课程教育才有意义。学生自身是英语课程思想政治教育的中心所在，努力学习并且掌握专业知识，树立思想政治观念才是最终目的。高等院校的英语思政，要遵循自然适度、循序渐进的准则，在授课过程中巧妙地将思政教育渗透到英语知识内。由于现今的学生对学习的态度不坚定，教师只能通过改变教学的模式，运用媒体、新闻等手段引起学生学习的兴趣，再利用轻松的氛围将思政元素引入课堂内容中，通过学生对新闻媒体的见解，让教师更了解每一位学生的心理变化，更易于教师因材施教。有了良好的课堂效果后，教师也能大胆地加入更丰富的辅助教材，更生动地展现课堂魅力，吸引学生深入其中，实现育人第一的目标。

（四）英语课程思政相关课外活动

1. 拓展英语实践的多种形式

英语教师在教学的时候，主要的教学目的是让学生认识国外专业知识，对标准英语的语法、表达、发音娴熟地掌握，培养在不同的场合下轻松应对问题与解决问题的能力。但是，仅依靠上课的时间是远远不够的，可以在课堂教学的基础上增加课外活动与社会实践。课外活动与实践是检验课堂教学成果最好的形式，因为在活动中与实践中，会循环使用到课堂上的知识，这样不仅巩固了课堂知识，在活动中还能扩展英语知识范围，最主要的是课堂知识与实践相结合使语言的实操性大大提高。增加课外活动与社会实践也可以将思想政治元素无形地融入其中，在活动与实践中逐渐渗透，传播给所有参加活动与社会实践的人。这是更好的思想政治的传播形式。

高等院校是人才培养的重要基地，在传统的教学模式上要多增加新型的教学模式，例如，第二课堂教学模式，我们熟知的第一课堂是依据教材及教学大纲，在规定的教学时间完成课堂教学活动，那么第二课堂教学模式就是由高等院校的学生依据各人爱好、兴趣自行发起的课外教学活动组织，有小组、社团等体现形式。第二课堂在教学的内容上，不仅来源于教材，还有大部分的材料来源于信息、新闻、媒体，而且第二课堂教学不需要考核，学习场地也相对于自由，例如，教室、操场、活动室等便于聚集的地方都可以，这样轻松自在的学习氛围更容易被学生接受，这也为思政教育工作提供了便捷的条件，这种形式也更容易将思想政治观念融入活动内容中，活动可以让大家积极踊跃谈论与分析，还能从侧面培养学生辨别是非的能力与自主判别思政内容的能力。

英语教师就可以借鉴第二课堂模式，组织和开展不同类型的有效英语活动，如英语科技文章翻译比赛、英语演讲比赛、英语知识竞赛等。此外，英语教师能通过课外活动，让学生主动学习英语的积极性得到一个较大幅度的提升，同时快速提升学生专业知识的专业能力、使用能力、应变能力，在这当中加入思政教育更容易被接受，渗透性也更好。所有形式的活动的主要目的，都是为了让学生学习扎实专业知识，还能了解更多属于我国的知识文化，在学以致用专业知识的同时，也提高了个人综合素质。

2. 利用网络提高英语思想政治教育的时效性

现如今，随着时代的发展和科技的进步，我们已经步入21世纪的信息时代，大部分的学生在很小的时候就已经开始知道或者接触信息网络，遇到问题很愿意借助网络的力量，致使现在的学习形式与传统的学习形式有很大的差别，所以普通的课程已经不能满足学生了。这时教师就应该利用网络，在线下教育的基础上，也要重视线上的交流，充分使用网络平台，有利于提高英语专业的思政教育的时效性。为了能够提供更便捷网络课程模式，研发了一系列相关的APP，例如，微课、腾讯会议、QQ等。

在学校的教室内上课，由于班级学生多，还有课堂时限短，因此教师没有过多的时间对课堂内容进行逐一解析，但是，有了社交软件，学生与教师就可以在课后时间交流专业、思想，也可以交朋友，缩短教师和学生之间的距离，消除两者之间的芥蒂，并且还能轻松、高效地向学生传授思政观念。这样能在有限的时间内学习到更多的知识与思想。专业教师还可以建立各种群聊模式，例如，QQ群、微信群、钉钉群，便于学生们的管理，可以将课前的预习安排、课后的作业布置在群里，也可以通过群聊模式将文本、视频、表格、PPT放在群里供给学生参考。这些平台不仅方便了师生可以探讨交流专业知识与思想，学生之间也可以自由交流，教师观察到学生相互交流间存在问题时也可以及时解决。教师也能实时关注到学生们的心理变化，可以及时地进行心理辅导，全方位帮助学生解决问题，提高综合素质。网络沟通不论是从时间、地点还是隐私等方面都相对自由，教师还可以借助热点新闻与名人事例，激励学生学习的斗志，与学生们深入探讨发掘其中的思政元素，潜移默化地灌输给学生，提高学生们的综合素质。

三、高校英语课程思政保障

高等院校的的课程思政教育工作，不是嘴上说说就可以的，必须要做好全面的安排，给予课程思政相应的保障。

（一）经费保障

高等院校在教育改革、研究、培训等方面投入大量经费。不仅是给予教师英语专业课堂内思政工作的支持，还让教师对课程思政教育的发展充满信心。有效的教育改革促使英语课程思政的发展，最大化的响应是《关于加强和改进新形势下高校思想政治工作的意见》中全员育人、全程育人、全方位育人的指导方针。我国的英语课程思政还处于建设初期阶段，给予学校合理的课改经费作为保障是很有必要的。高校要定制相应计划，首先从高校的行政部们到教学部门都要重视课程思政教育意识，在此基础上帮助教师创建思政教育条件，例如，组织多样的培训活动、课外教研活动、思政教育例会等。在培训教师理论知识和教学技能以外，也要将职业道德、师德、心理学也加入教师培训的范围内，以提高教师的综合能力，有助于教师传授课程思政的发展。所以这部分的经费是不可或缺的，对于英语课程思政的课改经费，校方应支持教师与教研组申请。

（二）制度保障

英语课程思政教育的改革工作，单凭教师单方面的努力是无法达到的，即使校方有经费上的支持，没有高校主管部门出台相关制度的制约也是不行的。首先，要将课程思政的教学大纲与课程标准贯彻到整个教育体系当中，让所有相关工作人员建立通力合作、同心协力的关系。俗话说无规不成圆，无矩不成方，只有建立相应的教育制度，才能有效的开展课程思政教育工作，此制度会迫使教师们主动挖掘教材内的思想政治内容，提高教师们的思政意识，使探究教学思政元素的工作更加积极。然后，在教学方面也要严格监督，院校内的教学督导组要进行不定期的巡查课堂或者随堂试听，让领导组进行审课并给予评价和意见，使英语专业课程内的思政教育朝着良好的方向开展下去。其次，要将课程思政教育的评价与考核机制进行改进，要从职业道德、对学生了解程度、教学方案、课程设计与实施、交流反思等内容上给予教师评价，让教师在学生和领导给予的评价中自我反思，从思政教学目标、自身言谈举止、是否纠正了学生学习态度以及知识的掌握程度等方面反思自己，并对教学方式加以改正。最后，校方要支持英语教师对思政教育的教研活动，在院校教师的各类评优中，将课程思政教学改革算作一项评选标准，让有突出效果的英语教师的付出有收获。

（三）环境保障

高校想要培育人才，环境尤为重要，所谓"近朱者赤，近墨者黑"，这句话就可以很好地反映出环境对于人的影响有多深，所以高校要在学习氛围与环境上给予学生最好的保障。对于学生而言，良好的学习环境，是培养学生优良性情、高尚品质、端正态度的基础。所以发展英语课程思政教育，最重要的就是建立良好的学习环境与生活环境。

第一点，课堂的教学环境。在教室内可以设计中英双语的板报与宣传画，以英语专业人才的丰功伟绩、励志故事、名言警句为主要内容。多参加学校以及社会上相关的活动，让学生在参加活动的过程中吸收思政元素。第二点，要建立精神文化校园，从德、智、体、美、劳等方面出发，让英语课程思政教育和校园新风结合，让富有思政元素的校风进一步熏陶英语课程思政教育。第三点，高等院校应该多举办立文明树新风的校园活动以及与英语相关的活动，让学生在活动中学习成长。

第三节 "课程思政"融入高校英语教学的对策

一门语言的学习，不仅要掌握这门语言的理论知识，对其语言的文化背景也要深入了解，因此拓宽学习知识范围，适时地将中西方在社会风俗、生活方式、价值观念、思维方式、宗教信仰、民族心理等方面的差异进行对比，取其精华去其糟粕，选取有利于学生思政培养的元素，再将此元素融入到英语教学中，不仅让学生学习了专业知识，也提升了个人素养。

一、高校英语教学中渗透思想政治教育的原则

（一）自然适度原则

自然适度从字面理解，首先，自然就是不勉强、不局促、不呆板，而适度就是在一定的限度范围内，坚持适当使用的准则，掌握适当的度才能向着良好的方向发展。

在英语课程的教学中融入思政思想，就必须与教学内容相结合，将英语教育和政治教育两者之间的关系梳理清晰，在此基础上执行自然适当的教育理念。在教授英语知识与技能的时候应该紧扣教材主题，还要根据学生的实际情况进行调整安排，不能以填鸭式的教学方式将思政观念灌输给学生，也不能为了应付了事草草带过，思政观念需要使用巧妙的渗透方式融入课程内容中，既做到不生硬、不勉强，也能够增加学生的学习兴趣。一名优秀的高校教师，将思政理念加入英语课程时，是不会脱离专业内容的。在课堂中直接将思政内容传输给学生，或者就为了说教而教育学生，不仅不能起到思政教育的目的，学生还会排斥此学科而产生抵触心理，并且觉得教师没有教授的能力，这与思政教育的目的背道而驰。教师在进行英语课程思政教育的时候，要根据学生的心理状态，具体问题具体分析，不断地调整课程内容与形式，以达到最适合的教授状态。

（二）针对性原则

根据学生对学习目标达成度要求的不同，教师应该做到具体问题具体分析，因材施教且有针对性地解决问题，课堂讲述的内容也要依据教学目标进行，根据学生学习效果不定期的考核，教师根据考核结果及时调整教学内容与形式，提高教学内容的针对性。让学生有针对性的提问，教师有针对性的解决。在教授内容的过程中，教师也要对教材的内容进行深刻的剖析，挖掘适合课堂传授的思想政治思维，以求真、求实、创新为思政教学的最终目标。因此，英语课程中的思政教育也是一个具有针对性的教育形式。

在信息科技飞速发展的时代，对于长期接触西方文化与教育模式的学生来说，他们的思想观念，更容易受到影响，属于我们民族的观念可能会逐渐减弱，而会盲目地崇尚西方国家的生活与文化思想，逐步发展成"以我为中心"的人生价值观。为了避免学生产生崇洋媚外的心理，教师不仅要不断提高自身的思政意识，在教学过程中也要潜移默化地给学生灌输我们民族优秀的思政政治与文化理念，同时还要帮助学生分辨西方文化中不良的观点，培养学生的自主判别的能力，最后引导学生树立正确的人生观、价值观，培养出优秀的品格。

（三）潜移默化原则

生活、教学环境的影响，潜移默化地改变着教师的教学模式与学生的身心发展。在当今的复杂社会中，开展对学生进行思想政治教育工作本身就不是一件容易的事，如果不找到合理的教学模式就会难上加难。所以，填鸭式教学是不可取的，要从侧面深入解决问题，逐步引入课程内部解决问题，使用隐性教育模式将正确的思政意识灌输给学生。例如，在上课前教师可以根据学生的生活情况提出问题，让学生积极探讨，以培养学生的自主思考、判别利弊、团结协作的能力为重心；也可以进行场景练习，安排一些小剧本，让学生演绎；还可以通过英语辩论形式，将思政话题结合其中，让学生分组讨论；在文章讲解时，可以增加图片、视频以及相关拓展的知识，这样不仅丰富词汇，还能让学生学习到更多的思政知识，如此潜移默化的教学方式，会不断地推进英语课程思政的发展。

二、高校英语教学中渗透思想政治教育的策略

（一）坚持"立人先立德，树人先树品"的教育理念

各高校响应国家"立德树人"的号召，培养新一代德智体美劳全面发展的社会主义建设者和接班人。因此，高校教育的重心，应该放在思想政治教育上，如果违背此观点，就失去了立德树人的意义。

高校教师的使命就是教书育人，建立教师优良的师德是育人的基础。英语教师的作用不仅是帮助学生掌握一门语言或者技能，更重要的是引导学生树立正确的三观。因此，教师在英语课堂教授时要将思政思维融入其中，增强学生在教育中的获得感。

英语是现今社会中的必备技能，它不仅仅是语言工具，在经济发展与国际间的文化交流也起到重要的作用。每一种语言都拥有自身的特点，所以对于英语专业的学生来说，西方文化以语言为载体进行传输，在学习西方语言的时候难免接触到西方思想，那么课堂教授时就应该加强思政意识，尽可能给学生灌输我国的思想主义与优秀的传统文化，将西方优秀的思想与我国的思政理念相结合，引导学生对我国的社会主义特色保持坚定不移的信念，努力为中华民族伟大复兴的"中国梦"而奋斗。

（二）提升英语教师的综合素养

高等院校的教师是在一线工作，与学生接触最密切，所以，教师的言谈举止，师德尊严就尤为重要，因为，教师的每一个行为都有可能影响到学生，言传不如身教，教师必须提高自身的综合素养以做好表率作用。

1.提高英语教师的思想政治素质

由于语言教学的特殊性决定了英语教师角色的复杂性。语言是传递思想的重要工具之一，语言中所夹杂的语气、情感、内涵都能影响到思想的发展与话语的理解。

在英语的教学中想要传递思政意识难度高于其他科目，因为使用英语的单词、语句、文章要先对其翻译以及分析语境，这就是一大难题，在此基础上，想要自然合适地传授思政思想，就需要花费大量的时间进行研究，找到最适宜培养学生

人生观、价值观的课堂教学模式。在英语授课过程中需要培养学生使用辩证唯物主义的观点审视西方文化，而教师必须要坚定对马列主义的信仰，还要不断提高自身的思政素养与职业素养，能够有效的帮助学生树立正确三观。在完善自身综合素养的情况下，才能起到好的带头作用，真正做到言传身教。

2. 加强英语教师的思想政治教育的理论水平

如今社会信息科技发展迅速，知识不断变化更新，如果高校教师保持原地踏步，那么只能逐渐落后，跟不上时代的步伐，与学生之间的代沟会越来越深。教师只有不断地提高自己的思想意识、教学理念、知识技能，才可以紧跟时代步伐，真正了解学生的内心变化。高校英语教师需要帮助学生有选择地吸收和借鉴相关的知识与思想，杜绝崇洋媚外的思想意识，在教授学生英语知识的时候，也应该积极培养和发展学生的爱国主义情感，以及培养他们在民族方面的文化思想，辨别不良思想的能力抵抗文化冲击的能力。想要完成以上内容，教师必须拥有高超的教学水平和对西方文化透彻了解。英语教师要拥有大量的知识，只有这样在学生有疑问的时候才能够轻松解决。

高校英语教师所受教育是以英美国家的思维模式为主的，他们对西方国家的教育理念也比较认同，所以，强化高校英语教师思想政治理念非常必要。所谓言传身教，就是要让教师自身的优良品德、人格魅力逐渐影响学生的思想观念。英语教师是教学上的传授者也是管理者，要时刻牢记教师的职责，在教授知识技能的时候，也要引导学生树立正确的人生观、价值观。

（三）在教学中弘扬中华民族文化

在我国长时间的填鸭式教育背景下，英语只对专业知识的理论方面较为重视，是以各种各样的等级考试为检测学习成果的最终方式，只要掌握大量的词汇和语法就行。例如，在英语课堂上，大部分教师都是以讲解文章内的词汇、语句、语法和听说读写翻译的能力为主，很少会对文章进行拓展讲解，也没有注意到思想政治与专业知识是否融合。实现英语课程思政的教育形式，需要教师在授课过程中利用到语言传递的功能，建立师生之间的良好关系，在这基础上，再通过发掘教材内容中的思政元素，引导学生建立正确的价值观。

1. 挖掘西方语言思政元素

在传授专业知识的同时，还要挖掘英语教材内的思政元素，这两点需要同时进行，才能达到全面培养的目标。目前我国高校可以使用的英语相关教材种类繁多，都是经过严格筛选的，每一种都具有题材丰富、知识面广、精准度高的特性。但是，教材内容过于西方化，不论是语言、知识还是思想方面都以西方的为主，在不了解其背景的情况下学生很难理解。因此，在教学中教师可以通过自己受教育程度，再结合教材与相关的课外知识，详细地讲解给学生，减少学生在受教育时遇到的障碍，并带领学生深究每一篇文章，发掘相关的思政内容，再结合生活中的实际问题进行分析，体会其中真正的内涵。这样不仅让学生学会了自主思考与判别是非的能力，也增强了学生对于社会问题解析的能力。

思想教育的目标是让人能够树立正确的观念，但是，正确的思想观念不是直接就能被吸收的。需要媒介传导，而教师就是最好的传导者。在教授学生英语课程思政内容时，教师必须先对教材有深刻的了解，在使用教材内的思政教育时，必须要结合时事热点、形势和政策，再依据学生心理发展进行具体问题具体分析，再以适当的教学模式传授给学生，引导学生树立正确的思想观念，避免受到西方不良思想文化的影响。

2. 在英语课程思政教育中弘扬传统文化思想

弘扬中华优秀传统文化和社会主义先进文化，是英语课程思政教育的重要内容。实现此目标，必须建立正确的思想观念，加强发扬本民族优秀的传统思想文化，贯彻以人为本的思想教育观念。加强本民族优秀的传统思想文化的教育，就是为实现社会主义核心价值观而打下良好基础。在英语课程思政教学中，教师不仅让学生了解了不同民族思想的文化，还将中西方的思想文化加以对比，提高学生的思政判别能力，同时也能加强学生的爱国主义思想与民族文化的认同。所以，英语课程思政教育，对弘扬我国的传统文化有非常重要的作用。

3. 在英语教学中有针对性地灌输马克思主义理论观

由于全球信息化的影响，大多数学生对国外的节日、活动充满好奇和向往，教师就可以通过介绍西方国家重要节日的起源、背景中蕴藏的文化，让学生使用马克思主义唯物辩证法的观点正确深入了解西方节日的内涵，并让学生不要盲目跟从。大多数西方节日都与宗教有关，所以在学习的过程中，教师也可以多准备一些不同国家的节日与我国的传统节日作对比，让学生自主判断，去其糟粕取其精华，让学生在接触更多知识的基础上，也能提高其在各国多种文化的浪潮中依旧坚定自我信念的能力，铭记我国的优秀文化，培养学生有宽广的胸怀以尊重不同的文化思想和坚定的信念以稳固本民族的思想品质。

（四）开展综合素质教育进行全方位育人

高校英语教育以培养德才兼备的高素质人才为基准，通过在英语课程中加入思政教育的模式，做到全面发展学生的综合素质，并开创新颖的教学模式，增加课外实践活动，加以帮助英语课程思政教育有效的发展。

1. *课堂教学法*

在教学中使用多种教学方式，丰富课堂知识内容，从多种素材中挖掘出思政教育元素，并加以使用。我国的填鸭教育模式，使得英语教育只侧重于知识与技能方面，对实践与思想政治教育方面没有过多的重视。这样的应试教育和刻板的语言教学法，已经不适用于科技信息飞速发展的时代了。坚持以学生为教育重心，以促进学生认知、情感和优良性格等目标对其进行全方位发展，以启发学生思想为目标，紧密结合教学内容并深究教材内部的思政元素，并与教学内容中的听、说、读、写等形式巧妙的融合，设计新颖的教学形式，达到最佳的育人效果。

在教学模式当中适当加入不同的形式，如情景表演、辩论等，从而进一步将学生学习英语的积极性和主动性激发出来，在他们学习的过程当中给予正确的引导，对网络平台进行充分灵活的运用，使学生从被动学习转变为主动学习，并在学习的过程中构建自己完整的人格。对英语教学内容而言，除了要深入分析和研究专业知识以外，还应该在学习英语专业知识期间，优化课堂教学，让学生既学习了专业知识技能，同时思想品德、职业素养也有所提高，从而实现综合素质全面发展的目标。

2. *在实践活动中引导正确价值观*

课外实践活动是英语教学的重要组成部分之一，不仅给予学生练习英语口语的机会，还练习了临场应变能力，能够很好的将知识技能与实践相结合，还能对英语知识进行拓展与延伸，为英语思政教育增加了学习途径，促进课外活动的形式多样化，例如，音乐剧、话剧、演讲比赛、知识竞答与辩论赛等，并在学校内设计英语周报与英语专栏，还可以使用校内微信公众账号进行推广。以社会热点话题、新闻为出发点，引起学生兴趣，让学生积极参加课外活动，拥有更多学习的机会。在学习中培养学生的表达能力、判别是非能力、理性思维能力、自主思考能力。教师也可以参与到课外活动中，给予学生一定的帮助。课外活动不仅丰富了学生的课外生活，拓展了知识面，增加了学习的趣味，还锻炼了学生的语言表达和组织能力，让学生在轻松愉快的学习氛围中成长，也能自然地将社会主义核心价值观灌输给学生，实现知中有行，让学生了解思政教育的真正意义。

通过本章节的学习我们不难发现，在经济信息全球化的时代，培养学生的思想政治理念才是高校的重要工作内容。高等院校的英语课程不仅有传递知识与技能的职能，还有教书育人的职责，高等院校为了能够很好地开展英语课程思政，做了大量的前期工作，从经费、制度、环境、师资等方面都做了大量的投入，只为实现英语教学与思想政治教学顺利结合。所以，在英语教学中融入思政元素，是培养学生树立正确观念的必经之路。

在高校积极、全面促进和推动学生的思政教育，对提升他们的综合素质快速发展是非常有利的。高校英语教师探究教材内的思政元素后，使用潜移默化的教学方法与丰富的课外活动相结合，从而实现知识技能与思想政治同步提升的目的。在学习了西方优秀的语言知识与技能的基础上，也巩固学习了我国民族优良品质，还增加了爱国主义精神、民族自尊心、自信心。目前，我国还处于英语课程思政教育的初期阶段，还存在一些问题有待解决，需要不断地钻研，但是只要坚持信念，高校英语的思政教育就会向着良好的方向发展，也会培养出越来越多符合中国价值观念的建设型人才。

第三章 高校英语教学实践与"课程思政"思路探索

本章将分别从高校英语教学基本模式与实践方法、"课程思政"融入高校英语教学的实践思路两个方面入手,探讨如何在高校英语教学中落实思想政治的教育。

第一节 高校英语教学基本模式与实践方法

一、任务型英语教学

任务型教学,实际上是在第二语言习得研究的基础上发展起来的一种极具影响力的英语教学模式,这一教学模式在20世纪80年代后得到了快速的发展,并对中国的高校英语教学产生了重要影响。这种模式在一定程度上源于交际文化的发展,并以发挥学生个体的学习动力为核心观念。学生在完成任务的过程中,不仅可以将最基本的语言技能牢牢掌握,还可以在一定程度上快速提升学生的综合解题能力和水平。

(一)任务型教学法的内涵

1."任务"的界定

"任务"指规定要承担的一系列工作,以及规定承担的相应职责与责任。"任务"泛指把客观存在世界作为参照指标或者参照物,从而最终形成语言意义为主要目的的一种活动。在任务型英语教学的发展过程中,不同的学者对"任务"提出了不同的界定方法。尽管各个学者所提出的界定方法不一,但我们也可以从中找出相同点,即这种教学方式都必然和语言的使用有着不可分割的密切关联。这表明以任务为本的学习并不限于语言练习或者实践，主要是学习活动的具体过程，所以"任务"具有使用的目的，课堂内和课堂外都有学生参加，并且富有内涵的教学活动。

2."任务"的构成要素

（1）任务目标

任务目标是通过学生顺利地完成一个任务，期待达到的目标。在这种目标的指导下，学生的语言交际能力会得到极大的提升，尤其能够对学生的交际思维、语言使用策略等方面产生积极影响。通常，当教师向学生布置一项任务后，学生在具体的实践过程中，往往要将这一个大任务分成几个小任务进行逐个完成。各个小任务之间没有互相排斥的现象。

（2）输入材料

输入材料为向设计任务者提供信息。它包括对学习者学习指导时，所需了解的有关知识和经验等信息。所录入资料既可为文字资料，又可为非文字资料，其中前者有课本、对话等；后者有图画等。

（3）活动

活动指任务参与者与输入材料有关的动作。不同类型的活动有不同的特征和功能。对于组成使命的事件来说可从四个层面来分类，即真实性、技能运用、流利程度和准确性。

（4）师生角色

师生角色是指在学习过程中，教师和学生分别扮演的角色。教师应该是任务的发布者，也是整个教学过程中与学生进行沟通的互动者。而学生则是任务的承接者，同时是与其他同学共同参与任务的合作者。英语教师在以任务为导向的教学活动当中，一定争取指引学生将学习英语的自主性充分发挥出来，使学生真正成为交际者。

（5）环境

环境指课堂教学的组织形式，任务完成方式、任务时间分配等均属于该范畴。

3.英语任务型教学模式的产生与发展

英语教师在实施任务型教学模式的过程中，要在把握好总体教学目标的同时，对教学的具体内容进行深挖。在具体的课堂设计方面，教师必须首先了解学生的思想特征和学习习惯，从教材中挖掘出能够激发学生学习兴趣的内容，并将这些内容与学习任务相结合，从而引导学生积极参与，促使学生在执行任务的过程中，不得不激发自己努力思考、广泛阅读、进行调研活动。在自己负责的部分完成后，还必须积极参与小组讨论当中。这对学生的语言思维能力的提升有着很大帮助。英语教师通过精心设计多种任务，使学生在完成使命和任务的同时学习英语，以及在学习用英语做事情的同时，不断增强学生综合应用英语的能力，让学生有更强的自主学习能力，相互之间能够保持协调合作的良好精神。

学生向教师提交的任务完成成果既可以是具体的，也可以是抽象的。对于高校学生而言，他们已经拥有较为成熟的心智，因此教师可以要求学生在提交成果中，多表达一些个人看法，并谈谈自己在完成这一任务后有哪些心得体会。在学生努力进行个人观点陈述的过程中，他们需要充分发挥自己的语言思维，并尝试通过各种方式来使自己的语言表达逻辑更加清晰、思维更加严密、表述更加规范。这对学生的语言学习而言是颇具意义的。

（二）英语任务型教学模式的产生背景与应用现状

任务导向的英语教学法是第二语言习得研究者以及外语教学法研究者，在20世纪80年代大量研究和实践的基础上，提出的一种具有重要影响的全新英语教学理论。这一模型是交际教学思想在过去几年中的发展形式之一，它通过一种巧妙的方式将语言应用基本理念，变成了一种全新并且有实践意义的课堂教学方式。

交际教学倡导者在70年代提出来在现实语境中表达含义，是语言学习中最为有效的方法。交际教学的理念主张把交际学习任务作为学习主要形式，把真实语言作为重点研究和学习的对象，在学习活动中把真正的交际目的作为宗旨。交际语言的学习活动叫做"任务"，且"任务型学习等"在交际英语教学中基本成为同义词或者代名词，这一发展趋势转变了以语言形式为中心的传统语言学习模式，同时也改变了教学方法。

自20世纪80年代以来，众多学者对任务型英语开展了深入研究和探讨。在这一时期，许多语言教育学家都认为这种教学模式对提升学生的交际能力有着十分重要的意义，并从多种视角深入探讨交际学习的任务。有的语言教育学家认为，语言输入无法确保语言习得；语言习得过程中至关重要的是交互活动、意义磋商以及语言输出；学习者唯有完成任务，才可以从事交互活动、意义协商以及语言输出。

随着研究不断深入，任务型英语教学是90年代逐渐走向理论成熟的一种模式。它以培养学生语言能力为主要目的，注重提高学习者实际运用英语进行交际的能力，强调教师的作用和学生学习的主动性，是一种新的外语教学方法。任务型教学模式流行于许多国家或地区，其中美国、加拿大、新加坡的课程标准及教学大纲均提出任务型教学模式，与此同时它还在国内外语界引起普遍关注。近年来，许多高校开始将任务型教学方法引入外语教学中，取得了一定成效。然而，任务型教学在我国基础教育英语学科教学中的运用，尚处于理论分析与实践探索的阶段。我国香港地区于1996年制定的英语任务型教学大纲，它强调以学生为中心，注重培养学习者自主学习能力和合作精神，重视语言交际技能的训练与提高。我国于2001年颁布了英语课程标准，首次明确提出了实施任务型英语教学，这种教学理念对我国日后的英语教学工作指明了道路。在此背景下，我国英语教育工作者开始广泛研究英语教学任务的设计和引导方法，一些学者还专门进行了任务型英语教学的实验，他们获得的研究成果也在全国范围内进行了宣传。

我们可以将任务型英语教学法看作是交际教学理念的创新。在这一教学方法的引导下，教师和学生都更加重视语言在特定场景中的使用，课堂模式不再显得单调乏味，而是富有生机。该教学法的主要教学手段与目标是设计、实施与完成"任务"，将学习者的个人经历视为课堂教学中的一个重要元素，因此需要教师紧跟时代发展的步伐，既要有现代化的教学观念，又要有现代化的教育观念，除了将知识和学习的方法教给学生以外，更重要的是还要善于激发学生参加学习活动的积极性和主动性，培养和发展在思维方面的能力，塑造健全人格，为此教师需要更加精心、仔细地设计和组织，善于把学生脑海中原有的知识唤醒，正确引导学生积极、主动地探索新知。

通常情况下，制定教学评价方法时，首先要对教学的基本目标进行分析。教学评价的本质就是检验某一阶段的教学工作是否完成了该阶段的教学目标。此外，在确定具体的评价实施准则上，则需要参考教学的基本原则，并考虑具体实施的可行性问题。因此，构建一套科学、合理、可行的教学模式，是当前教育教学改革研究领域所面临的重大课题之一。"评价"是这一模型的重要内容，贯穿整个模型，其中课堂学习质量评价是整个体系的核心部分之一，也是影响到其他方面效果的关键要素。教学计划是否落实，能否实现预期目的，要求教师实施的时候必须对课堂教学作出合理评价，通过课堂教学评价，可以及时了解教师教学工作开展的具体情况，从而调整教学策略，改进教学方法。本研究所指的课堂教学评价，不是教学管理相关人员对教师教学质量以及课程等方面的评价，或者教师对学生学业成绩的评价，而是教师在教学进程中，即时测评、分析和评判自己课堂教学行为以及教学效果，它能作为一节课当中的一个单独的时间段，构成一节课的要素之一，更是渗透于教师教学活动全过程的一种指导性和形成性的重要评价。在实际工作中，构建这样的评价体系是非常有必要的，同时在构建的进程中也不应该将教学目标忽略，因为只有明确了教学目标，才能使课堂教学评价具有针对性，进而提高其实效性。在实际教学实践中，教师在教学过程中一定要观察学生在课堂上的表现，并且向学生提出问题，给学生提供参与各种实践的机会和时间，使学生参与各种实践，通过与学生共同讨论，及时获得反馈信息。在学生实际动手操作的时候，对学生实际学习水平有一个全方位的掌握和了解，以便于准确地评判课堂教学是否有效，同时还要根据学生自身发展情况和学校教育条件制定出相应的评价标准，使其能够全面反映出当前的课堂教学现状，进而为新课程理念下的教学改革提供可靠依据。这些判断将成为日后进行课程改革的重要依据。

必须明确的是，教学评价与教学的有效性之间存在着不可忽视的联系。教学的评价活动并非是对学生学习成绩的简单考量，而是更注重对学生学习成效进行综合的测评。在课堂教学过程中，教师需要通过各种形式的教学评价，引导学生自主参与到教学活动中来，以促进他们英语学习效果的提高。好的教学评价方式可以给教师更多的教学反馈，有助于教师不断改进教学工作，从而给学生创设较好的学习条件和氛围。任务型教学模式与其他交际教学模式相比，其最基本的特征是重点突出和强调使用有明确目标的"任务"，从而帮助和促进语言学习者积极学习语言，并且对其灵活地运用。任务式教学法在外语教学中得到了越来越广泛的应用，它既强调了语言学习者之间相互沟通的重要性，又突出了含义丰富的语言内容在英语教学中的重要性和交际准确性。

在任务的引导下，学生需要使用英语去进行各种交流活动，并以英语为工具进行自主学习。事实上，在学生使用英语进行探索的过程中，学生也会在不知不觉中进行跨文化交流。

理查兹、普来特和韦伯从语言教育学的视角出发，将任务定义为理解或者加工语言，专门开展的活动或者行动。他们将研究的重点放在这种教学方法的重要意义上。在这里，必须要思考的是，在任务型英语教学中，任务本身关注的到底是什么。任务本身如果关注的是学生如何对语言的各种形式进行应用，那么这种教学法则在推动学生的跨文化交际能力发展方面不具备太多优势。

综上所述，在全国范围内对任务型英语教学大面积推行的时候，我们首先要明确怎样制定任务。英语教学中的任务不能是孤立的、随意的，一定要与教材内容和学生的日常学习生活紧密结合，每个任务都是一个完整的体系，而每个学期所有的人物加起来，才能够形成一个完整的学期教学体系。

（三）任务型英语教学的实践

1. 英语任务型教学模式的基本步骤

（1）导入

英语教师在这一环节能够利用让学生聆听英语歌曲等不同的方式，将课题导入教学活动中，从而引起学生的关注，将学生的注意力吸引和集中起来，为学生学习英语营造良好的气氛。

（2）前任务

在这一环节，英语教师应该将学习任务需要的语言知识完整地展现出来，在课堂上向学生详细介绍接受任务的要求，以及执行任务的具体步骤。

（3）任务环

英语教师可以设计多个不同的小型任务，构建完整的任务链，使学生对已经学习和掌握的语言知识进行充分的灵活应用，同时通过小组形式或者个人形式顺利地完成教师布置的各项任务。

（4）后任务

各个小组在该环节当中，完整地将任务结果在课堂上向整个班级展示出来，让学生自评、小组互评以及教师总评。

（5）作业

在以上步骤都完成以后，英语教师在这一环节中能依据课堂任务的有关内容，布置学生通过小组形式或者个人形式完成项目的作业。

2. 任务型教学模式遵循的原则

（1）强调真实性

在具体的教学任务设计过程中，我们首先要设想某一事件在怎样的日常生活情境下才会发生。这一步骤事实上是在对任务的真实性进行考虑。对于高校学生而言，如果不能接触到真实的语言情境，那么他们便无法体会到不同语言的思维特征，那么他们在之后展开的一系列交际练习，都是毫无意义。英语教师需要设计语言事件当中发生的情景，同时学生也应该深入认识和了解新情景，通过英语教师在课堂上提供的不同媒体或者方式置身其中，同时在新情景中灵活运用所掌握的语言知识。

（2）注重互动性

任何一种语言的使用都必然拥有作用对象，正因为此，我们才说语言是一种交际的艺术。在英语教学的过程中，语言的互动性也应当得到较好的发挥。值得注意的是，在学生进行互动练习时，他们必然会出现对所说的话语进行修正的过程，从而促成了语言的知识的构建。在互动的过程中，学生必须学会与他人进行合作。他们需要了解在英语语境下，如何开始或结束一段对话，如何在适当的时候转换话题，如何通过对话来获取与对方有关的各种信息，从而对对方的身份、对话目的进行判断。互动不仅可以在一定程度上为双方提供使用与接触语言的机会，还可以为其提供不同的环境标志，对形成概念非常有利。英语教师在课堂上需要尽量让学生少做非互动性练习，非互动性的练习可以通过布置作业课外完成。

（3）注意操作性

任何一种任务都是为教学活动服务的，因此教师设计的任务内容应当简洁易懂，容易实行。如果在仅有的课堂时间里让学生浪费太多时间在处理和分析任务本身上，自然是得不偿失的。与此同时，在对活动进行设计的时候，需要综合思考活动时间，所以活动的内容应该适当，不可多，也不可过少。

（4）关注信息差

所谓信息差，即指在英语的日常交流中，互相交流的双方，一方面要有共享信息，用于交际的重要基础，另一方面也应该及时掌握新信息，因为这些都是双方想要知道和了解的信息。双方相互沟通的主要目的在于获取和掌握自己尚不知道的信息。那么这本身就是一项学习任务。学生在与同学进行谈话时，不应当将注意力仅仅局限于对方或自己使用的语法是否正确、单词发音是否清晰上，而是将注意力放在与对方互换信息上。每位学生在交流之后，要能够用自己的语言对自己所了解到的信息进行复述。如果复述内容得到了对方的认可，那么此任务就完成得非常出色。如果复述的内容与对方心中所想有差异，则说明在交流的过程中，有某些环节出现了问题。这样一来，学生也能够很快地发现自己的学习漏洞。"语言形式"和"语言功能"是英语教学理论中的两个最基本的概念。以前传统的教学，比较注重和强调向学生教授语言知识，轻视向学生传授语言功能，任务型学习则将此种偏向改变，对语言知识和语言功能同样重视。

（5）把握难易度

英语教学需要遵循循序渐进的原则。对于那些单词与语法基础不合格的学生，如果让他们立刻站起来与其他学生进行口语对话，对他们而言，自然是无法完成的任务。所以，教师在开展教学工作时，要注意把握好教学的难度，在布置教学任务时，需要为学生提供几个难度不等的任务，由学生根据自己的能力程度进行选择。

（6）结合教材内容

任何一种教学任务的设计都必须与教材内容紧密结合。其实，教师只需要从教材中挖掘出特定的内容，再将其根据学生的学习特点进行适当调整即可，完全没有必要天马行空地进行教学任务的设计。学生通过完成教师给出的任务，不仅能够对自己的英语综合能力进行提升，还能够快速抓住教材中的重点和难点，从而更有针对性地进行学习。

二、探究式英语教学

（一）探究式英语教学的背景

在古希腊时期，探究式教学就已经在多人的教学思想当中有所显现，如苏格拉底的问答法，在与学生相互交流和沟通的时候，他并不会直接将结论告诉学生，而是以问题的形式出现，之后依据学生的回答，提出新的问题，一直到学生得出正确结论。通过这种方式，学生的思维会变得越来越活跃，也能够始终跟着教师的引导走。真正对探究式教学进行系统的研究，则始于20世纪初的欧美等国家。在20世纪中期，对探究式教学的研究达到高潮。

自此以后，探究式教学方法便一直在西方教育领域流传，并引起了西方教育工作者的强烈兴趣。然而，尽管这种教学方法已经得到了相当长时间的应用，但至今人们在使用这种教学方法时，依然会产生许多疑惑，即便是在提倡探究式学习的美国，这种教学方法也不免长期经受各种挑战。

到了近现代，对探究式教学或学习的关注和探索相对来说更加集中和明确了。在近百年的时间内，美国科学教育界非常关注和重视"探究"或"探究式教学"，也正是因为如此，美国教育界对探究式教学的研究也走在了最前沿并拥有了更多的成果，其中美国哲学家、教育家杜威于20世纪初所进行的理论与实践探索尤其值得重视。杜威把探究法引入教育领域也成为了他在教育界的一大功绩。1910年和1916年，他发表的《我们怎样思考》《民主主义与教育》，从理论层面对科学探究的必要性进行系统的阐述，并提出了自己独到的见解——"反思五步说"，也是人的探究过程经历的五个步骤：（1）暗示（情境）；（2）问题（确定问题）；（3）假设（设计）；（4）推理（推论）；（5）检验（实证）。杜威以此五步说为基础，进一步创立了"问题教学法"。

克伯屈作为国际著名的教育家，在对杜威"从做中学"的教育思想进行总结和升华后，开创了一种新的教学方法——"设计教学法"。大约在20世纪60年代左右，著名认知心理学家布鲁纳就将研究的重点放在研究发现式探究的运动中。他认为，广泛推行发现式探究教学是十分有意义的。同时，他还指出，发现学习能够最大限度激发学生的内心力量，从而使学者掌握发现式的学习方法，并有助于他们花费更少的时间来牢固地掌握所学知识。

1916年，施瓦布作为美国芝加哥大学的教授，曾提出了一种更注重发挥操作性作用的教学方法，即我们现在常说的"探究式学习法"。在这种学习方法诞生后，相应的教学法也得到了推行，这几乎带动了课程形态的改革。美国著名教育心理学家加涅主要研究开展探究教学所需要的技能和能力。我国改革开放以来，伴随思想大解放，西方一些哲学和教育思想陆续进入到我国，出现了很多探究教学理论，同时将其灵活运用于教育教学的实践当中，并且最终均取得了不错的成效。

探究式教学法现如今已经在美国得到了相当程度的普及，也广泛引起其他国家教育工作者的关注。我国曾在2001年颁布了《基础教育课程改革指导纲要（试行）》，其中就明确提出，应当大力提倡自主、合作、探究的学习方法。随着新一轮的基础教学改革的有序推进，这种引导学生自主学习的教学方式又一次得到人们的重视。就高校教育而言，其与中小学基础教育有着本质的不同，高校教育本身就更强调将自主探究学习的作用淋漓尽致地发挥出来，所以促使探究式教学在我国高校大范围的推广和实施，能够极大地提升学生解决问题的能力，培养学生的创新精神。

（二）探究式英语教学的基本内容

1. 探究式教学的内涵

所谓的探究式教学主要指的是教师在学生学习原理与概念的过程当中，给他们提供与其相关的问题或者事例，使学生通过不同的途径，如阅读、讨论等，独立自主地发现和掌握原理、结论的方法之一。

探究有探讨、研究的意思，即对学问进行深入思索，并努力探求真理和事物的本源。研究的本质是反复对某一问题进行探讨，并寻求多方的答案，从而消除疑惑。探究式教学往往会将教学的重点放在探究的过程上，但我们也不能忽视探究的目的。因此，当学生完成一系列的研究学习任务后，他们必须能够总结出探究的结果，并恰当地对自己的探究结果进行表达。所以，探究式学习不仅是一种有效的学习方法，也是教学的目标之一。

2. 探究式教学的特征

在中国传统文化当中，教师与学生之间往往存在较为严肃的关系，在这种文化体系下，尽管在任何时代，学生都应当尊重教师，并努力听取教师的指导意见，但在传统教学模式中，这种严肃关系有时候会产生一些负面影响。因此，在现代，教师与学生之间的关系有了很大的转变，教师们更多地是希望与学生成为朋友。这种师生关系的转变是有利于推行探究式教学的。

与传统的英语教学方式相比，当代英语教学在基本理念、师生地位等方面都有很大差别。例如，在当代高校的英语课堂中，英语教师充当着不同的角色，有激励者、组织者等，并且在具体的教学过程中，教师会有意识地注重提升课堂的互动性。

（1）培养学生的探究能力

探究式教学与传统的灌输式教学有着本质的区别。灌输式教学的基本教学方式是，教师直接将什么是正确的告诉学生，并要求学生直接背下来。而探究式教学则是教师通过提出问题，让学生自主探讨，让他们自己找到问题的正确答案。英语教师借助复杂化和多样化的活动情景，让学生获取和掌握知识的教学方法，能够让他们在学习知识的时候，从多个层面和角度认识、理解，形成系统化的知识体系，建立知识和知识联系在一起，最终在面对问题的时候，可以非常容易的将知识激活，并且通过对知识的灵活运用，将问题顺利地解决。

（2）重视知识的运用

探究教学的一个基本特点就是学以致用，发展学生运用知识解决实际问题的能力。探究教学能综合提取知识，跨学科解决复杂的、综合的以及涉及知识面广的问题。在掌握知识、运用知识、解决问题的学习活动中，探究教学能使学生更接近生活实际和社会实际，有利于培养学生的实践能力。

（3）重视形成性评价和学生的自我评价

评价是任何一种教学模式中都不可缺少的一个环节。探究式教学模式要求的评价相对较高。它不仅要求教师对探究活动过程中每一位学生的表现进行评价，还要求教师对每一位学生的学习程度有明确的认识。通过观察学生的学习过程和最终成绩，教师要能够指出每位学生的学习还存在哪些疏漏，下一步需要从哪些地方进行改进等等。探究式教学不仅重视和改进终结性评价，还对学生的形成性评价也非常重视，如学生的笔记、图标等，教师能够借助这些掌握学生对知识认识的广度与深度以及在科学推理方面的相关能力。

此外，探究式教学还十分重视学生自己对自己的点评。通过引导学生进行自评，学生能够逐渐加深对自己个性特征的了解，并学会正确认识自己，避免自负、自卑的不良心理出现。此外，要求学生在学习过程中有计划地进行自检，也能够帮助学生提高学习成绩。

3.探究式教学的意义

随着网络信息技术的不断发展和各种媒体平台的日益成熟，现如今，高校英语教学能够使用的资源不再仅限于教材。尽管教材依然是教学的重点资源,但教师们已经开始尝试将各种课外资源纳入教学活动当中。具体来讲,探究式教学的意义可总结为以下几点。

(1)探究式教学与实际教学改革相符,可以充分满足改革者的心理需求

中国当前教学改革的宗旨包括以下三个方面:第一,打破传统教学限制和束缚学生思维发展的旧模式;第二,遵循"以人为本"的教育观念,为学生全方位发展尽可能地提供最大空间;第三,以英语教材提供的基本知识点为基础,将培养和发展学生在实践方面的能力以及创新精神,作为目前教学的重点。在改革的时候只要坚持做到以上三点,就可以取得不错的实效。改革就是不断探究新的教学途径和教学方法。最终实践会告诉每一位教育改革者,探究式教学是非常符合改革者的实际需要的。

(2)探究式教学能使班级教学更具活力和效力

现如今在我国普遍流行的班级制授课方式可谓是有利有弊。随着高校扩招的稳步推行,越来越多的高中生在毕业后能够进入高校的校园,这为我国全面提升国民文化教育水平有着相当的意义。但与此同时,也给高校的教育带来了不小的压力。随着各种媒体技术的快速发展,学生能够获取知识的渠道变得越来越多,这就在一定程度上缓解了高校课堂教学的压力,也为高校广泛开展英语的探究式教育奠定了基础。

(3)探究式教学能破除"自我中心",促进教师在探究中"自我发展"

在长期的教学实践当中,教师们普遍认为,要真正落实教学的改革是十分困难的,原因在于教师长期受到"自我中心"观念的影响,有着很强的顽固性,另外,教师已经习惯了当前的教学方式,对以前沿用的传统有一定的惰性。通过探究式教学,教师的角色会有一个大的转变,由过去的"台前",走到现在的"幕后",做一个"导演",安排好适当的场景,引发学生的学习动机,使学生从观众变成实际的参与者。

此外,在高校教育阶段,学生的自主学习性应该得到进一步发挥,因此那些简单的、基础性、理论性的学习,教师完全可以布置给学生,让学生进行自学。这样,教师就可以将更多的课堂时间节省下来,广泛开展各种互动式的教学活动。

（三）探究式英语教学模式和方法

英语教师在实际的教学进程当中，非常有必要有意识地引导课堂模式向探究化方向转变，尽量充分调动学生的学习积极性和主动性，避免出现灌输知识的行为。为此，教师可以尝试使用探究式的教学用语来激发学生的探究欲望，并注意形成良好的师生互动关系。所谓探究式的教学用语，即指教师通过提问、设计情景等方式，引导学生对教学主题进行思考。教师可以给予学生一些提示，但不能直接将结论告诉学生。

英语教师的主要任务是通过探究式的语言，将学生学习英语的积极性和主动性充分调动和激发出来，促使学生获取知识，发展能力。除此之外，英语教师还应该为学生学习英语积极营造一个良好的探究场景或者情境，正确、科学地指引和引导学生开展探究式英语学习。在具体实施过程中，教师要力求做到以下几点：首先，教师要运用探究式语言激发学生的求知欲。其次，在运用探究式语言时要注意方向的引导。教师需要提出或帮助学生确定探究的问题，并适时调控整个探究过程的走向。再次，探究式语言的运用要注意引导的深度和广度。当学生的体验不够深入时，应该引导学生步步深入；当学生的思路受到局限时，应该适时介入，帮助学生打开思路，拓宽思维广度。最后，教师运用探究式语言要注意面对全体学生。教师必须保证让更多的学生有参与、锻炼的机会。在课堂教学中，教师的探究式语言可以给学生创设发现问题的机会，引导学生对所学内容进行深入的思考。在课堂教学中，教师要避免灌输式讲解，通过探究式的引导，尽量使学生投入到自己发现问题或深化探究问题的活动中去，在组织和开展学习活动的时候以问题为核心，以便于学生在探究和质疑的期间，快速提高解决问题的能力。教师在教学过程中的作用是为学生主动发现问题创造思考的情境，而不在于刻意地强化知识点。教师运用探究式语言来设置问题情境时，要考虑到在具体情境下学生学习动机的激发，帮助学生"学习迁移"，为他们日后的学习打基础。既然探究式语言在教学过程中的运用这么重要，那么教师就应该重视和学习这种语言方式的运用技巧，从而提升教师的教学语言能力。

1. 把握语言的准确性

英语教师的探究语言首先应该做到的一点是准确和精准。在课堂上，英语教师要善于及时发现和找到学生在认知方面存在的矛盾，甚至寻找契机制造一些矛盾，通过认知矛盾来激发探究式语言的生成，引起学生的认知冲突，进而激起学生求知和探究的欲望，引导学生主动发现和解决问题。

2. 注重语言的开放性

英语教师在探究式英语教学的过程当中，其语言表达一定要具有开放性。所谓开放性，即指为学生留下充足的自我学习和探究的空间，让学生意识到，如果不自己动手，不自主探究，他们是无法从教师那里直接获取必要知识的。这便会对学生产生鞭策作用。

3. 学生探究与教师指导并重

教师在运用探究式语言提出问题后，要把重点放在如何引导学生去探究上。英语教师应根据教学目标和教材内容，精心设计问题情境，通过创设一定的学习情景，使学生产生积极的思维活动，从而获得新知识。将学生自主性充分突出出来的时候，同样也不应忽视英语教师的指导作用。在教学过程中应尽量给学生提供一个良好的学习环境，使他们能够自主地探索和发现知识，尤其应该及时、慎重、科学地给予学生有效引导，从而达到使学生在探索中有所收获的真正意义和目的。

就英语的探究式教学而言，其在具体的教学过程中会运用到建构主义相关理论，并充分发挥语言习得理论的作用。此外，当代的探究式英语教学还在一定程度上融入了后现代主义的教学思想，并逐渐形成一个崭新的英语教学系统。这一教学系统与传统的教学系统相比，更注重各个教学因素间的相互作用，并注重发挥教学环境对学习者的影响作用。此外，新的教学系统还要求将合作与激励的机制以一种独特的方式有机纳入课堂教学，通过营造和谐、民主的良好教学环境和氛围，把教学过程变成教师和学生之间交往互动的一个具体过程，使每一个学生对知识产生一种渴求，找到了满足感的同时，也获得成功的喜悦感，并且在这个过程中掌握学习的科学方法。因此，我们可以说，这是一种新型教学模式——以教师为主导，学生为主体，以活动为主线的教学模式，与新课标中"自主、合作、探究"精神的课堂教学理念不谋而合，这种模式主要由4个部分组成，一是与新课标相一致的教学目标；二是合理的教学过程；三是行之有效的操作步骤；四是科学的评价体系。

英语探究式教学模式的"导学"，充分展现出英语教师引导学生的自主探索以及主动学习，使课堂教学由英语教师主导向学生主导转变。通过"导学案＋合作探究法"实施英语教学是培养学生自主学习能力的有效方法。"探究"表现为学生在英语老师的引导下，积极、主动地探求知识，独立自主地开展学习，达到转变学习方式之目的，通过师生共同参与和合作交流达到预期的教学目标，提高英语教学水平。探究式英语教学模式有如下几个特点。

第一，三维教学设计观念（知识与技能，过程与方法，情感、态度与价值观）。传统的英语教学以传授语言基础知识为主要目标，注重对语法和词汇等方面的讲解，忽视了培养学生的思维能力和实践应用能力。英语教师在过去的教学过程中，只在教案上写了他们的教学活动，没有思考和顾及学生的学习活动。此种传统的教学方式不仅不利于培养学生自主学习和合作交流等多种能力，还容易使课堂变得枯燥乏味，无法激发出学生的积极性和主动性。英语教师在探究式英语教学模式下面，在设计教案的时候一定要注意，预先考虑到学生的学习活动有可能怎样进行，并设想自己应当怎样在学生参与探究活动的过程中找到切入点，提升学生综合英语能力。具体教学过程当中对如下三个方面进行了重点的强调和突出：首先，强调过程和结果相统一。对于英语学习来说，过程表征是英语学习中的一种探索过程和方式，结果表征英语学习的最终结果，二者之间存在密切的联系，相互影响，相互依存，互相转化，所以英语教师应充分重视过程的价值，让每一个探究过程都充满着活力。就教学而言，重结果和轻过程的教学，使教学过程化繁为简，学生无需智慧的付出，只要认真听讲听，仔细记笔记，便可掌握所学的内容，将产生结论这一鲜活的过程转化为单调死板的条文背诵，知识和智力之间的内在联系被剥离，严重排斥和拒绝了学生的个性和思考，因此就有了全面掌握知识却不思考、探究、诘问以及创新知识的学生；其次，强调情意和认知相统一。学习是一个由感知—表象—思维—理解—运用等一系列复杂过程构成的心理过程。学习过程总体而言是在学生心理活动基础上，认知活动和情意活动的统一过程。认知因素与情意因素会同时交叉影响学习过程，两者构成学生的学习心理，对学习活动产生了不同视角的影响和作用。由此，英语教师要重视情感因素对学习效果的促进作用。最后，强调接受性和体验性相统一。学习过程不是简单地再现知识内容的"再创造"过程，而是师生双方通过一定中介实现的一种双向互动的过程。学习的过程当中有道理、合乎规律与目的的接受性、体验性，统合成螺旋式上升的运动整体。如果没有体验，就不可能形成正确的态度，更谈不上理解和掌握知识，所以新课程目标突出了接受性和体验性相统一，不仅将接受性目标提了出来，也提出了许多体验性目标。

第二，三维一体的教学目标。如果将三维目标割裂开来探讨，也就失去了三维目标的合力作用。为了提升教学的成效，教师首先要做到更新自己的教学观念，并积极改进教学方法和策略。作为教师要不断学习新的教育教学理论，更新自己的教学观念，让自身的教学观念与教育教学规律相符合，顺应时代发展的步伐和潮流。新课程倡导自主探索、合作交流、动手实践、阅读表达等多样化的教学方式，强调以学习者为中心，关注学习者的感受、体验、理解和应用，陈旧的教学观强调对学生知识的传授，在明确教学目标的时候，只需向学生将知识点完整讲述完成即可。在课堂活动设计上，要重视对学生的情感态度与价值观方面的指导。探究式英语教学模式的具体要求是在明确每节课教学目标的时候，要重点体现出三个方面，分别为"知识与技能""过程与方法""情感态度与价值观"，也就是既要把知识点讲清楚、讲明白，又需要确定能力与个性发展的训练点以及情感教育的关键渗透点，注重对学生进行积极有效的心理暗示，从而提高课堂效率。情感教育是自然地渗透于探索的过程之中，尤其注重对学生科学认识习惯和自尊、自重等人格方面的培养。在确定知识点、能力点方面，强调必须具备以主体为中心的基本知识结构，以能力结构为教学重点等认识，应有一个整体对局部研究和学习过程，同时在这一过程的相互关联之中掌握知识能力系统的规律，这种学习既有利于理解，又简化了记忆，又有利于迁移，帮助学生获得学习的成功感和满足感，快速提高他们的进取心。

第三，为学生参加学习活动创造有利的条件与形式。探究性英语课堂教学是指通过问题情境引导学生主动发现性学习的一种教学模式。英语教师在全面实施探究式英语教学的时候，要注意为学生营造一个宽松的学习氛围，培养学生的自学能力。自学的方法有很多，包括自主阅读、思考、笔记、交流等，其中自主阅读是最重要也是最为有效的一种方式。小组活动是比较利于展现全员参与其中，以分层指导开展教学，以学生学习活动为载体的组织形式。小组成员由不同背景、知识基础、智力程度的同学组成，他们之间相互提问、互相倾听、共同探讨、合作交流、竞赛、讨论等都属于小组活动的范畴。在实际工作中，一般采用小组合作法进行课堂教学,即每个小组都由一个组长负责,其他各组人员参加其中,共同研究问题并提出解决问题的办法。可同质分组或者异质分组,也可同桌结二人组或者前后桌构成四人组,以及同一排或同一列组成一个更大的小组,小组活动一般由一名组长带领,其他组员协同组长进行。教师从教学目的与学情出发,可将小组成员和他们的活动进行各种组合和转换,在课堂教学中要注意培养学生的学习兴趣,使他们主动投入到小组活动中来,通过开展形式多样的小组活动,可以促使学生在课堂保持较高的积极性,也能够让学生在参与合作的过程中,不断提升自己的综合能力。同时,在小组学习时,教师要注意发挥其指导作用,鼓励并引导学生大胆发言,积极表达见解。集体讨论的时候,学生在潜移默化影响下逐渐学会倾听和尊重他人观点,有理有据地论述自身的观点,为小组团体的名誉贡献自己的力量,认真提出自己的建议,逐渐形成善于和别人一起工作的能力、健康成熟的人格,由此产生友爱融洽的人际关系,营造团结奋进的良好课堂氛围。

三、体验式英语教学

(一)体验式英语教学的背景

体验式教学理论源自体验式学习理论。在一个完整的教学活动中,教师必须要有明确的目标,通过创设一定的情境,让学生积极、主动地参与活动,从而达到对知识的理解、记忆以及运用等目的。目前,被广泛接受的描述体验学习最系统的模式是体验学习模式。体验式教学法以其独特的优势被许多国家广泛地应用于教育实践当中。体验式教学从实际意义上看是教师在教学过程模拟或者创设场景的教学,在教师的合理设计以及正确指导下,学生完成体验学习模式的4个阶段,进而在周而复始的循环中向前发展。在体验式教学理论不断普及的今天,广大英语教育工作者也将这种教学方法与英语的教学进行了结合。为了提升教学成果,将这种教学法的优势进行最大程度的体现,在具体的教学实践中,一些教师和学者还将心理学、哲学、社会学等学科的相关理论与英语体验式教学理论相结合,将各个学科的研究成果运用到英语教学当中,促进了体验式教学理论体系的构建。

（二）体验式英语教学的基本内容

体验式英语教学是以当前外语教学理论的发展为背景，吸取体验式学习的优点和精华提出来的。体验式英语教学法强调培养学习者主动参与和自主探索的能力。所谓体验式教学，就是英语教师在教学的时候严格按照教学目标和内容的具体要求，有针对性地营造教学情景，将学生的情感有效激发和调动起来，给予学生必要的正确指导，使学生自己感知知识和感悟知识，并用实践进行验证，由此变成真正的"一个完整的个体"的教学模式。在体验式教学当中，学生是主体，任务是基础，体验式教学使学生在"具体体验"中"发现"语言的使用原则，并且可以将其灵活运用于实际交际。

（三）体验式英语教学的理论基础

体验式英语教学和学生学习风格、学习方式息息相关。学习者对事物和事件的感受会形成一定的认知模式——感知模式。按感知模式进行划分能够将其分为视觉学习、听觉学习、体验学习和触觉学习，其中以感官为主的感官学习是一种最基本的教学方式。学生学习方式按学习风格能够划分为自主学习、接受型学习、体验型学习、探究型学习与合作学习。体验学习是在特定环境中进行的，是以获得知识为目的的一种教学行为或过程。体验学习理论的倡导者于1984年提出体验学习圈，在此基础上形成了"以经验为中心"的体验学习圈。

体验学习圈由四部分组成，即具体体验、观察反思、抽象概念和积极实践，在每个环节里都有一定的活动形式和方法，以促进学生对所学知识的理解和运用，这四部分周而复始，最终呈现螺旋上升、深化的趋势。具体地说，体验就是学生在教师的引导下通过自己对周围事物的直接感知来获取知识，具体经验就是观察和思考的重要依据，观察对象被同化为因演绎推理形成的新知或新论，提升为抽象概念。抽象概念又能促进学生对事物的再思考和深入理解，并使之系统化，最终转化为自己的认知系统，这些抽象的理论或者认识，会引导出全新的经验、实践与体验，由此产生了一个新循环，体验式学习正是在这种不断地反复过程中得以实现的。

体验式教学理论是建构主义教学思想的集中体现。在知识获得的过程中，学生不是被动地接受教师传授的内容，而是主动建构自己的认知结构，从而达到对所学内容的意义建构。在哲学上，范畴概念多建立在人类经验的基础之上，它是由主体和客体共同作用所形成，是经验的必然结果。体验就是在认识活动中人们对客观事物或现象所产生的主观感受，它们扎根于人类对物质世界、社会世界等认识之中和体验之上，所以它也就必然要受到"情境"这一因素的影响。

知识的生成与发展，实质上就是建构的具体过程。知识不仅包括了事实、原理、规律等客观信息，还包括了个人的情感、态度、价值观等主观意识因素。知识是人在认识世界过程中必不可少的资源，是人提升自己、不断使自己变得完善的资源。学习者在进行学习活动时，会在他人的帮助下，通过积累经验来提升自己的知识储备，并在思维活动的影响下，将新知识与旧知识结合起来，进而快速发展自身的知识体系，同时学生也会在自身已有的基础之上构建出属于自己的知识结构。所以，学习活动通过不断汲取新的知识使自己的整体水平得到提升，使自己的思想境界得到升华。从建构主义角度对我国大学英语教学进行了深度剖析，能够发现在我国的高校的英语教学中当中不仅存在主客体互动缺失的现象，也存在缺乏学习者的主动建构过程。

同时，体验式教学也以教育心理学、行为心理学和认知心理学为基础。教育心理学是一门专门研究教育者在一定环境下影响学生学习的各种心理过程及其规律的科学，它包括动机理论、兴趣理论、意志理论以及情感等因素对学习者心理活动产生的作用。行为心理学要研究人类行为，不应研究意识。行为科学是在对人类活动规律进行深入研究之后形成的一门学科。研究行为是对刺激和反应规律性关系的研究，在这个规律中，刺激是影响人的行为的重要因素。而为了预测和控制人的行为，根据刺激推断反应，根据反应推断刺激，在此基础上建立起来的理论被称为行为科学。西方国家在20世纪50年代中期产生了认知心理学，它把人类行为看作是一系列由心理活动组成的系统，即认知—情感—动机系统。人类的所有行为和行动均由知识决定，知识是个体在学习或生活中所获得的有关事物性质和关系等方面信息的总和。人获取、贮存、提取与应用知识，事实上都是积极的行动过程，而非被动地转移知识。

（四）体验式英语教学的模式和方法

1. 以学习者为中心和主体的交际教学

在传统英语教学当中，以教师讲授为主，学生获取知识主要依靠英语教师传授,信息从教师到学生是单向传递的,在课堂上教师把整个教学过程分割成许多时间和空间来处理各种问题,学生在课堂上被动地学习和接收知识,这种教学方式在我国高校英语课堂上仍然占主导地位,此方式主要对英语知识的教授进行了重点突出,严重忽视培养和发展学生在应用方面的能力。随着社会经济的发展和人们对生活质量要求的提高,外语教学越来越受到关注,发展学生交际能力也就成为英语教学中最根本的终极目的。在传统英语教学中,英语教师只注重对学生语法、词汇等方面的教学,忽视了对于学生综合素质的培养,体验式英语教学体现了以生为本,立足学生个体差异,借助交际情境与实际应用的有机结合,让学生把握所学知识,学会使用语言,而非孤立的学习语言。

这一教学方法是交际教学原则的集中体现。课堂提问是师生之间进行语言交流最常用也是最为重要的形式之一,它主张在课堂教学中,为学生提供较多的时间和机会去实践英语。同时,英语教师应注意对他们进行语言训练并提供必要的帮助。课堂教学中,学生应该积极开动脑筋,集中注意力和精力,尽可能地主动解答老师的提问。在教学活动当中,英语教师所充当的角色是导入者、助学者、信息输出者等,正是因为当代高校英语教师角色的多元性原则,才使得当代高校英语课堂呈现出从"传授式"的模式向"体验式"转变特征,而这种转变对帮助学生完成知识的构建有着重要作用。

2. 强化主体与客体之间的互动

体验式英语教学中,教师对教学内容和目标进行仔细分析,精心设计与模拟逼真场景,让学生积极主动、独立经历并感受语言的本真以及语言的实践,这种以情境为中心的教学方法能有效促进学习者对学习内容的理解,提高其综合运用所学语言知识解决问题的能力。通过主体与客体反复的互动,形成一种全新的理解,新知再入新境和新景,开始了更深一次的轮回,周而复始的反复循环前进,完成对知识的持续构建,这就是体验式教学模式下的英语课堂活动过程,即为英语学习过程。周而复始之中,模拟实际场景,在知识的建构过程中进行更为具体的体验与感受无疑最为重要,同时其更是体验式教学能否取得成功的关键因素。

不难发现在建构主义认知理论视野下,当前我国高校英语教学存在的最大弊端,就是英语教师在教学的过程当中严重忽略主客体之间的互动,同时学习者在学习的时候欠缺积极的知识建构过程,具体而言就是信息输入、信息接收与信息输出不和谐，只有解决这一问题，才能真正推动高校英语教学的改革，而将体验式教学方法纳入高校英语教学当中，正是解决这一问题的重要方法。

3. 教师是体验活动的设计者、促进者、引导者和评价者

以体验式英语教学模式为基础，从根本上转变了教师的角色。体验式英语教学要求英语教师必须转变教育理念、教学方式以及教学方法，注重学生学习的自主性，在学习的时候学生必须亲身体会、亲身感受，同时英语教师作为其重要的情境设计者，在学生学习活动中处于引导者的地位。因此，体验式英语教学要求教师必须从课堂上的"导演"变成课堂里的主角，成为课堂活动的参与者。

英语教师在课堂教学前应该深入分析教学的内容、目标等，设计合适的教学场景，并且做好场景所需要的准备工作，如图片、音频、道具和其他教学材料。在教学活动中要通过各种方式激发学生参与的积极性，使他们积极参与到课堂中来。教学中要重视激发学生学习英语的兴趣，正确指导学生实践、练习与体验，对教学节奏进行准确地调节和控制，对学生学习情绪进行有效调控。同时，通过多种方式让学生感受到英语与生活之间的联系，激发他们学习英语知识的热情，使其产生浓厚的探究欲望。在活动之后，提炼、概括和总结学生所形成的知识及抽象的概念，从而为他们走进新场景、新实践做好充足的准备。

4. 强调学生的自主学习

罗杰斯是提倡自主学习理论的重要学者，这一学习理论是建立在人本主义心理学和认知心理学的基础之上的。这一理论强调学习者在学习过程中始终应当保持自由、独立的状态，并强调认同学生的个性发展。所谓自主学习是由外语学习者本身按照其不同的需要，以及学习的动机与目标，自主确定学习的内容、方式、过程与形式。

英语作为一门交际工具课，要求培养学生具备一定的自主性，这种能力主要通过课堂教学实现。体验式英语教学中，学习以学生为中心，在英语教师精心设计的语言情境下，学生根据自身实际需求进行独立体验、感知，从而积极开展知识构建，这种新的教学模式要求学生成为一个主动参与并能对所学信息进行加工处理的积极参与者、探究者、合作者、反思者和评价者。英语教师在学生知识建构过程中不仅是学生的帮助者和促进者，还是情景的设计者与提供者。学生独立自主明确和确定学习的内容、方法、过程与形式，它与传统教学有着本质不同，

自主学习强调以培养学生为中心，注重对学生能力的提高。

5. 开放的、多维度、全方位的评价方式

在传统的英语教学法中，对学生学习成果的测评往往更注重客观方面，因此多以笔试的方式进行。正因如此，学生在语言使用方面往往会存在很大问题。这种考试方式不仅无法调动学生的学习积极性，反而有可能在学生真正走向社会，需要使用英语时带给学生挫败感。

体验式英语教学对过程体验与实践非常的注重，因此形成性评价与诊断性评价除了需要对知识本身的评估之外，还需要对学生参与性、贡献性等进行科学合理的评估。评价主体可由英语教师担任，还能够进行小组评价、学生互评等，通过多种方法对学生进行全方位地测评。体验式教学采用立体化教学资源、多维度评估体系，能够让学生学习英语的主动性和积极性得到一个较大幅度的提升，同时进一步提高他们的学习效率，起到检验的作用与引导的功能。

第二节 "课程思政"融入高校英语教学的实践思路

一、动态系统化设计和实践

（一）大学英语"课程思政"教育系统化设计

高等院校是学生思想政治教育的主阵地之一，所以高校英语课程应重点关注学生的思政教育工作，在英语教学中渗透"课程思政"理念，是深化高校思想政治工作的必然要求。英语教师是育人主体，需要从国家发展与建设层面，不仅厘清课程思政的具体要求，还要明确其独有的内涵，厘清以下三个主要的核心问题：第一，明确"培养什么人"，简单来说就是高校英语"课程思政"的目标规划应该非常明确，并且始终坚持教育为人民服务、为党治国理政服务、为巩固和发展中国特色社会主义制度服务、为改革开放和社会主义现代化建设服务；第二，明确"如何培养人"，从字面意思看是怎样将高校英语"课程思政"的教学设计与教学实施"搞好"，在高校英语课程教学之中融入做人、做事的基本道理，同时也将社会主义核心价值观的要求，以及实现民族复兴的理想和责任纳入其中；第三，明确"培养怎样的人才"，具体而言是高校英语"课程思政"怎样评价教育效果且将其体现出来，培养的到底是不是德智体美劳全面发展的社会主义建设者和接班人。

也正是因为如此，高校英语课程要以思政的目标规划、教学设计、实施和评价为中心，构建了一个完整的体系框架，对教育教学改革进行具体、非静态的研究和实践。开放性、时代性是思政教育内容的主要特征，这些特征持续性地给高校英语课程带来新鲜的生机和活力。正是由于各个环节相互作用，才形成了大学英语"思想政治课"相互调整、相互适应的动态系统，如图3-2-1所示。

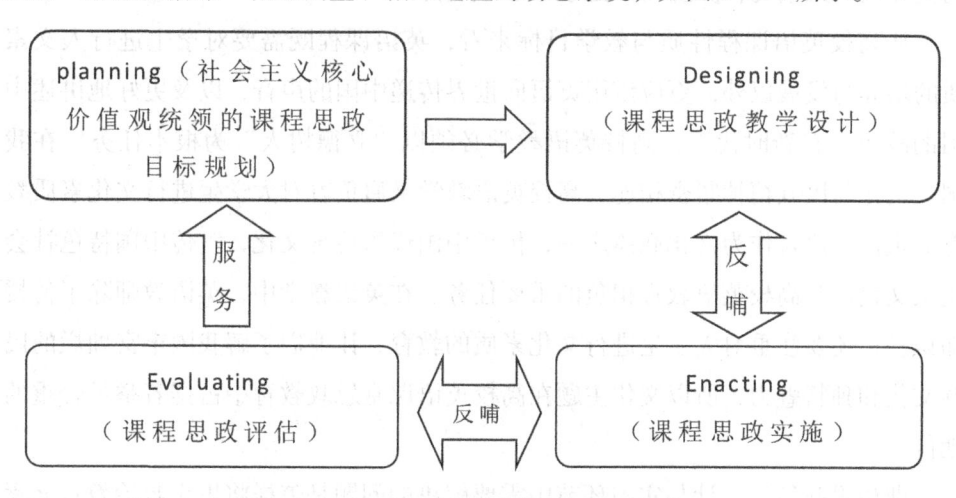

```
┌─────────────────────┐          ┌─────────────────────┐
│  planning（社会主义核心 │          │     Designing       │
│  价值观统领的课程思政  │  ───▶   │  （课程思政教学设计）│
│      目标规划）       │          │                     │
└─────────────────────┘          └─────────────────────┘
          ▲                                 ▲
          │服                               │反
          │务                               │哺
          │                                 ▼
┌─────────────────────┐   反哺   ┌─────────────────────┐
│     Evaluating      │  ◀───▶  │      Enacting       │
│  （课程思政评估）    │          │  （课程思政实施）    │
└─────────────────────┘          └─────────────────────┘
```

图3-2-1　宏观的大学英语课程思政系统化框架

大学英语"课程思政"教育要建立其动态的系统框架，这实际上是要求大学英语教学必须提出将"课程思政"与英语教学内容相结合的具体方案。只有构建起"课程思政"顶层设计，才能真正将思政教育落实在大学英语教育当中。

（二）大学英语"课程思政"教学实践

站在教学实践的层面看，在大学英语"课程思政"目标规划环节当中，必须兼顾价值目标——也就是培育社会主义核心价值观的问题以及高校人才的培养目标与课程目标，对思政教育元素进行多层次的发掘与提炼，厘清并且明确思政教育的主要内涵。同时，"课程思政"实施过程中应坚持以学生为本原则，注重对大学生思想行为的引导和规范，实现立德树人与育人功能相统一，从而达到培养德智体美劳全面发展的优秀人才这一目的。

75

例如，社会主义核心价值观主要包含了三个不同层面，即国家层面、社会层面以及公民个人层面。国家层面思政教育要素解析，是传播时代先进文化、优秀传统文化，展示中国的经济、政治以及我国社会主义建设的巨大成就，如科学技术增强了民族自尊心和自豪感，传播社会的正能量等；社会层面思政教育要素解析是对自由、平等、正义和法治社会的努力追求，积极构建和谐文明、优美的生存环境等；公民个人方面的价值准则分析是培养学生阳光心态、双赢思维和利他精神、与人为善的观念，积极培养感恩心态，也培养学生的"三观"，树立正确的世界观、人生观、价值观和良好的道德品质。

从高校英语课程性质与教学目标来看，英语课程既需要对学生进行人文素质的培养与发展以外，更应该用英语向世界传递中国的声音，以及更好地讲述中国的故事。在新时代下，高校英语教学必须以"立德树人"为根本任务。在我国，文化与民族精神紧密相连，高校英语教学又肩负着对大学生进行文化素质教育的重任。语言作为文化载体之一，传承中国优秀传统文化，宣传中国特色社会主义文化，是高校英语教育担负的重要任务。在英语教学中，英语教师除了传授知识外，还要注重对大学生进行文化素质的教育，让他们了解我国丰富灿烂的民族文化和独特魅力，所以文化主题在高校英语课堂思政教育中占据着举足轻重的地位。

课程思政教学设计与实施环节中需要解决的问题是怎样将思想政治教育元素完整贯穿于高校英语课程教学之中，以及如何使思想政治内容与教学内容相结合。本书从高校思想政治理论课教学实际出发，提出了基于互联网技术与网络教学资源建设相结合的大学英语课程思政教学模式，在课程思政的教学设计部分中，通过可可英语、中国三分钟等各种高质量的网络资源，有选择地携带思政教育元素的视听、文字等资源，蕴含各种教育主题的优质英语学习语料，通过对这些素材进行加工整合后形成具有一定深度和广度的内容体系，并将其作为课堂教学的辅助手段。

例如，在中国文化主题之下，"哈佛话中国""全球六分之一人口的欢庆：春节"等，这些思想政治教育内容或与课程单元的教学内容有关，或与国家大事有关，或与社会热点有关，使英语教学与思想政治教育能够有机结合。这些英语思想政治教育教材和资源，不仅拓宽和延伸了高校的英语教学内容，还在一定程度上使教学内容变得更加丰富多彩，全面培养与发展了高校学生在语言方面的能力。通过思政教育，发扬了中华民族优秀传统文化的同时，也向学生宣扬了社会主义核心价值观，深度熏陶学生各方面的情操，指引学生建立正确的世界观、人生观以及价值观，快速推动高校英语教学的发展和进步，从而真正达到价值指引与知识教授两者之间完美融合的教育目的。

思想政治教育的有效实施，需要由教学操作、教学监督、教育主体、教学渠道等多方面的机制来保证。课堂思想政治评价要多样化、科学化、有效化。只有实现了这些，才能从微观层面对大学英语课程的"课程思政"教育给予必要的保障。

二、探求最优化的大学英语"思政教育"实现路径

（一）"大学英语"课程思政功能弱化现状及原因

高校的通识教育课程之一就是英语课程，同时它也是开展"课程思政"活动的重要场所。在教学过程中融入"大学英语"的思政元素具有非常重要的意义和作用，可以有效地提升学生学习兴趣，培养其综合素质，增强民族自豪感，促进社会和谐发展。当前，"大学英语"思政元素的育人功能并没有完全发挥出来，其原因主要有以下几个方面。

第一，选择英语教材的时候忽略了思想政治素材资源。由于历史和现实原因，"大学英语"与传统英语教学相比存在着一定差距，因此在教学内容中融入"思政"元素势在必行。现行的"大学英语"课本类型虽然不少，但是更多地是建立在英美国家文化背景之上的，其中心思想基本是西方国家价值观，在英语教材内容中既缺失思想政治元素，对于中国众多优秀传统文化的描述也非常少，与学生的认知规律不符，不利于其综合素养的提高。

第二，备课过程中思想政治元素的缺失。课程准备对教材的依赖程度过高，将知识点传授作为备课重点，严重忽视了"大学英语"教学思想政治元素所具有的重要育人功能。在课前、课上和课后没有将思想政治课融入课堂教学之中，导致教师不能很好地挖掘文本蕴涵的思想政治价值，学生也难以有效掌握课堂学习的内容。

第三，教学方式不能完全将思想政治元素的育人功能充分激发出来。英语教师在课堂教学中通常会采用灌输式教学模式，忽视培养学生的自主学习能力和创新能力。立足教材内容的填鸭式灌输，没有深入挖掘文本包含的文化背景知识和教育内涵，更不要说深入挖掘文章背后所蕴含的爱国主义、人格品质及其他思政教育的内涵。

第四，考核机制制约了思想政治元素育人功能的有效发挥。目前，高校英语教学存在着忽视学生主体地位、教学内容与形式单一、教学方法陈旧落后、缺乏人文关怀等问题，这些都是导致思政元素在课堂教学过程中易被忽视，难以发挥作用的重要原因。"大学英语"教师的考核内容一直以来都是围绕着英语技能教学进行的，这种情况间接导致了英语教师没有时间思考课程思政元素植入的问题。

（二）最优化理论视角下"大学英语"课程思政的实现路径

1. 制定综合课程思政教学计划，兼顾教养、教育与发展

教养、教学以及发展是教学的首要和主要目的，这三个方面之间相互关联，展现在制订全面的教学计划上。在教学过程中，教师不仅要传授知识技能，还要使学生获得相应的情感态度与价值观等多方面的素质培养，从而形成良好的心理品质和健全的人格，促进人的全面和谐发展。

通过将课程思政教学与大学的英语教学相结合，能够找到全面提升学生英语综合能力的方法。在这一过程中，教师的教学工作要将重点从一般英语知识的传授转向对学生学习能力的培养上，同时也应当兼顾学生文化素养的提升。任何一种教育工作的本质目的都是帮助学生确立树立正确的人生观和价值观，是借助各种技术与知识的教学来实现对学生思想道德和人格的培养。这种具有广泛性的教学思想在当代大学英语课程的教学当中依然适用。

2. 精选课程思政教学内容，挖掘教材思政元素

英语教师在教学的过程当中应该综合考虑，选择合适的教学内容，以真正实施教学内容的最优化，所以英语教师在准备英语思想政治课教学的时候，要立足现行教材，对教材和思政要素的融合进行积极的探索和研究。同时，英语教师还应注重对教材内容进行适当取舍、加工，使之更符合学生实际生活需要，充分利用各种优质的课外资源，对教材进行补充与更新。

3. 合理组织课程思政教学形式，注重因材施教

无论开展和组织什么教学活动，教学的形式都是为教学目的而服务的。因此教学形式本身具有相对性，是在具体的教学过程中，教师根据教学需求有意识地进行的教学选择。例如，在第七单元"The Glorious Messiness of English（英语中绚丽多彩的杂乱无章现象）"的教学中，对小组活动与全班教学等形式进行合理利用，同时强调因材施教，也要注意把握好课堂教学节奏，避免课堂过于紧张。

我国众多高校思政工作与教育教学之间共存的一条基本规律是因材施教，就是针对不同学生的差异化知识背景、学习能力等有的放矢开展教育。英语教师要结合教材特点，针对每一位学生实际情况，采取适合其个性化特征的教学策略，针对学生扩大国际视野、掌握语言知识点等方面的增长需求，以全班学习方式进行，组织同学们看拓展视频"History of English in Ten Minutes（十分钟英语简史）"，在课堂上为学生详细讲解与课文有关的语言点；从学生知识背景和专业成长需求出发，以小组展示为主，组织学生对英汉两种语言的发展史进行比较研究；每一位学生都是独立存在的个体，针对不同学生差异化的学习能力，灵活运用个别教学的形式，组织学生顺利完成这一单元的读书报告。

4. 掌握教学规律，改善课程思政实施的外部条件

（1）促进教材的优化与完善，增加更多思想政治素材资源。英语教师不仅应该重视教材内容本身所具有的育人功能，也应当注重对教材内容中蕴含的思想政治因素的发掘和利用。学生的学习活动一定是围绕教材展开的，因此在高校中推行课程思政的教育，一定要发挥教材的作用。除了对原本教材中存在的思政元素进行挖掘外，还应当积极探讨教材的改进方法，将更多的思政素材与课文相结合。在保留那些能够表现出鲜明的西方文化特征的文章基础上，还可以适当加入一些反映中西文化差异、介绍中国民族文化的内容，为学生营造一个令人感到亲切、与日常生活关系密切的学习氛围。

（2）推动高校英语教师与思政教师之间的联动发展。促进校内外英语教师和思政课教师之间的相互联动，始终坚持并贯彻将思政理论作为龙头课程并与其他类型的课程共同发展的要求。

（3）不断强化"大学英语"思想政治课程的政策扶持。要想提高学生对"大学英语"课程思政工作的重视程度和参与意识，就必须建立完善的规章制度以及

教师自身素质等方面进行保障。思想政治教育的推行离不开高校管理工作者的支持，更离不开政府相关部门的监督。只有全体教职工对思政教育具有较高的认识，才能够真正推动思政教育的落实。

（4）对"大学英语"思想政治课程教学进行深入研究和理论探讨。从多个角度对"大学英语"课进行了分析和阐述，力求为今后"大学英语"课中融入"课程思政"提供参考。当前，我国在"大学英语"思政课教学理论研究方面较为薄弱，有关论文分散在部分期刊之上，目前还没有一个比较系统的整理。未来期待有更多外语界优秀的专家和学者加入"大学英语"课程思政研究阵营，一起对课程思政进行深入的研究和探讨。

当前，国家尤其重点强调将立德树人作为高等教育的根本任务，担负高校英语公共基础课教学任务的教师义不容辞，要对"大学英语"这一门思政教学课程开展有效方法进行潜心钻研。高校英语课堂是实施学生思想政治教育的主渠道之一，也是培养和践行社会主义核心价值体系的重要阵地。英语教师作为一名"教书育人"教育工作者，课堂教学中除了向学生传递语言知识与语言技能之外，还应该大力弘扬社会主义核心价值观，真正实现思政教育与英语教学的有机结合，通过潜移默化地教育，有助于学生增强明辨是非之能，在面对问题和困难的时候可以更加客观、理性地看待，可以和别人很好的交流、和睦相处。

三、"课程思政"视域下英语教师信念发展

（一）教师信念的定义与研究的必要性

信念作为稳定的认知结构，主要是由人们对自然界以及社会保持的基本观点与想法经过长期的发展最终形成的，并且有一定的意动成分。信念在个体意识方面非常强烈，是带有浓厚情感性的个体知识。由此可知，教师信念直接影响着学生的学习过程。

教师信念在整个教学活动中起能动作用，具体表现为确立和制定教学目标，开展教学任务和落实教学实践等一系列环节，与其相契合的教师信念，是增强英语教学效果的一个重要保证。我国教育改革发展已经进入了攻坚期、深水区和关键期，教师角色转变面临着诸多挑战。新时期的英语教师应该清楚地认识到自己

的教学以及教师职业所具有的独特意义与作用,应当通过不同方式对自身的信念意识进行不断强化。

作为一名高校的英语教师,应该在持续地纠正自己的同时积极清除各种不合理、不科学的信念,将英语教学中诸多要素的隐性信念变成显性信念,以便于让教学效果得到快速的增强和提升。除此之外,也应该加强学校管理力度,重视学生学习兴趣培养,注重人文教育理念渗透,特别是要更加坚定教师自身的德育信念,努力让自身的思想道德素质修养得到全面提升和发展,积极倡导和实践社会主义核心价值观,大力弘扬爱国主义精神。

(二)"课程思政"视域下的高校英语教师信念与发展

1. 教师信念对教学实践的影响

教学实践实际上是英语教师课程的具体实施过程,在各个教学环节当中均有所体现。教师信念包括教师对上课对象、学习过程等多个方面持有的态度。基于此,以教师和学生之间存在的关系为例,教师普遍认为课堂应该是"以学生为主、教师为辅"的,在课堂上的实际执行过程当中,课程以学生为主体,全部围绕学生的学习进行。有的教师采用传统教学模式,课堂是一个封闭的空间,师生之间缺乏交流,没有互动机会;部分老师采用翻转课堂的方式,坚持将任务分配始终贯穿于教学的全过程,课堂就是学习展示之时;有的教师利用微课,把教学内容分解后,让每个知识点都能被呈现出来,然后师生共同参与完成任务;也有一些教师采用合作学习这一模式,向学生抛出疑问,以小组合作探究的方式,有序地开展课堂教学。

这表明教师信念在教学实践中具有正向作用。教师信念可以提高学生学习知识和技能的能力,促进学生科学态度的形成,从而提高课堂教学效果。同时,由于教师信念的复杂性、动态性等特征,部分教师的信仰虽然积极向上,但教学的实施却不尽如人意,一些研究学者认为和学科知识的欠缺存在一定的联系。

2. 教学实践对教师信念的作用

教学实践对教学信念的作用主要表现在新上岗的青年教师。新老师上岗之前,基本已在高师院校有了比较系统化、专业化的学习,也有教学观摩,并对学科教学法进行了科学系统的深入学习,这些体验已累积到大脑的潜意识里,其可能早就揣摩好了教授英语的方法，哪种教学方法行之有效以及英语教师角色定位等。但是，青年教师可能对翻转课堂的了解较少，对合作探究的教学模式也较为生疏，受教师是核心的教学模式的影响，更加偏向于知识的灌输。

因此，为了让他们能更好地融入课堂教学之中，从学校领导到一线老师都应该给予适当的关注，通过将近一年的教学实践，在课堂观摩与理论学习后，再进行课堂实践，促使他们重新确立教学的信念，并且将其逐渐运用于课堂之中。大部分青年教师虽然对这种新型的课堂教学模式感到新鲜、兴奋、满意，认为这是一种很好的教学方式，但也有一些青年教师却表示在变革中还存在着一定的难度，感觉学生的知识学习不够充分，尽管在教学改革的巨大压力下发生了变化，实际上心理的变化还要有一个具体的过程。从事五年多教育工作的老教师认为，在高等院校传授学生学习的方法与技巧，远比单纯传授知识更为重要。

3. 教师信念与教师自身的发展

教师信念就像一个"过滤器"，它可以促进或妨碍教师本身的成长，教师有必要对教学的观念和行为进行深刻的反思，明确并清楚所持教学信念，及时自我反省，去实践总结中持续修改，从而使教学信念比以前更加崇高，更有体系。基于高校课程思政的大背景，英语教师应该持续性学习、借鉴和参考优质研究成果，及时获取和掌握教育教学经验，促进自身教学业务水平的提高和发展，为建构教学信念打下了扎实基础，从而对教学进行科学、合理指导，帮助自己进步和提高。

对教师自身而言，教师信念对其成长具有积极的正向作用，为教师个人成长提供了有利的帮助。"课程思政"可以将教育创新的活力充分激发出来，站在宏观的角度上看，对高校英语教师信念产生较大影响的因素包括多个方面，如学校绩效考核指标、学生学习基础等。高等院校"修德励志、强能擅技"的学习氛围，旨在推动学生在德育方面的发展以及技能的快速提升，给广大英语教师在科研与教学改革等方面搭建了一个宽广的平台，注重和强调培养发展教师信念，同时教师对英语课程和教学实施的看法给予适当的关注，鼓励教师主动参与教学改革，自主设计教学环节，科学、合理地开展教学评价，由此实现教师信念和教学实践的和谐有序发展。

四、反思性教学在大学英语课程思政中的应用

（一）反思性教学概述

美国、英国等国家在 20 世纪 80 年代，出现了一股重视教师反思能力培养的教学思潮，此后很快波及和影响了各国教育界。反思性教学是对传统教学方式的挑战和改革，它要求教师不断地自我审视自己的教学活动，从而改进教学方法，提高教学效果。反思性教学的内涵至今仍无定论，其中首先提出反省思维的是美国实用主义家杜威，他把反省思维称为"反理性"，把批判精神称之为"批判性"，反省思维是思维的表现形式之一，这种思维就是要重复、认真地思考某一问题。

也有的学者以时间维度为划分依据，把反思性教学实践分成三个不同的方面：第一，关于实践问题的思考，也就是实践之后的思考；第二，在实践中反思；第三，为实践反思，具体而言是在实践之后的反思与在实践当中的反思，最终会形成超前的反思，即"三思而后行"，这三种反思都是一种思维活动，它既可以在学习过程中进行，又可以在工作、生活等方面进行。所以，反思性教学一方面回顾了历史，另一方面也可以为今后的行为提供指导。

问题性、发展性、辩证性等是反思性教学的特点，它在培养学生创造性思维、促进师生互动以及推动新课程理念落实方面发挥着重要作用。反思性教学，将教师专业发展的领域和视野进行了有效的拓展和延伸，同时也是让教师素质快速提高的一条行之有效的途径，另外也为教师教育的一系列深化改革提供了全新的思路，为教师继续教育开辟了一条新路。

（二）《大学英语》课程思政教学实践反思

1. 开展教学工作前的反思

（1）反思教材和教学目标

本课程所用教材《全新版大学英语综合教程》第 2 册会在课程结束后进行一个课后延伸活动——讨论与总结，目的是让学生结合课堂所学内容及自己的思考，从不同角度分析问题、解决问题，提高自身英语水平。本单元的文章主题为 Learning Chinese Style《中国式的学习风格》，讲的是哈佛大学霍华德·加德纳（Howard Gardner）教授回忆他中国之行的故事，以钥匙槽事件为触发，对中国和

西方国家学习方式进行比较与对照，并且指出要在这两种学习方式之间寻找一个平衡点，以便相互借鉴。

从教学内容来看，这一单元教学的具体目标有如下三方面：第一，知识目标：理解中国和西方国家学习方式的相同点和不同点；第二，能力目标：学习和比较中国和西方国家的写作方法；第三，情感目标：深度理解、坚定"四个自信"。在这一单元的学习过程中，把"四个自信"和课文解析密切结合起来，让学生在学习英语的同时，深入认识和坚定"四个自信"，从而实现课程上的"课程思政化"。思想政治教育内容是高中英语教学的重要组成部分，对培养高中学生的核心素养具有积极作用。

（2）反思教学对象

刚进校的大一学生，通过了学校举行的入学分级考试，升入高一级的学习。由于初来乍到，对高校学生活还比较陌生，因此如何尽快适应新环境是一个重要问题。他们刚入校不久，对高校里所有的东西都觉得很新奇，想在此找到与中学不同的学习方法。语言水平中等，具有强烈的学习欲望与动机。另外，作为下一代大一新生来说，他们有自己的特色，随着年龄增长、生理变化以及生活环境的改变，许多大学生出现了心理问题，他们虽然有着非常活跃的思想和开阔的视野，但是因为没有系统性的科学指导，看问题时会无可避免地太过片面，甚至有的时候太偏激了。

同时，由于刚结束了生命中一次重要的考试——高考，达到了自己之前设定的目标，上了大学后，有的学生没有找到和发现重新努力的目标，所以很困惑与迷茫，这就要求必须对学生进行思想政治教育，帮助他们确立正确的世界观和人生观、价值观，培养他们良好的道德品质，从而促进他们全面发展。在《大学英语》的课程思政当中，在学习语言的过程当中深入理解中国和西方国家学习方式上的相同点和不同点，坚定并且增强其"四个自信"，利于其确立更加宏伟的人生目标，塑造更加健康向上的社会主义核心价值观。

2.反思性教学的核心观点

（1）强化政治学习的同时，加强在英语专业方面的学习，提升政治与专业的素养。因此，在英语教学活动开展过程当中，英语教师应注重对学生进行爱国主义教育以及社会主义核心价值观教育等相关方面的引导工作。英语教师要紧随时代潮流的变化，持续地汲取全新的知识和思想，并且将其灵活应用于教学实践，从而让思想政治内容与英语课程有更好的融合，肩负起教书育人的使命和重要责任。

（2）教学与科研结合。只有将科学研究与教育实践紧密结合起来才能培养出高素质人才。科研为教学提供源源不断的"源头活水"，若无科研作坚强的后盾，则课堂教学就会丧失"灵魂"。在科研中教学处于"隐形动力"的关键地位，若不重视教学，教师有可能丧失提升科研能力和水平的宝贵机会。

（3）强化教师和学生之间的联系。在任务呈现环节之前，让学生把将要展示的作业或者任务交给教师，通过教师对展示内容的甄别与修正，对内容和时长进行有效把控。

（4）强化对学生的课业监督并出台奖惩机制，如发现没有预习或没有完成作业的学生，视情况对他们的课堂表现作出扣分处理。

（5）强化学生在阅读方面的训练和培训，努力扩大和延伸学生知识面，通过各种方式快速提升学生的知识水平。教师在课堂上为学生推荐高质量的课外阅读书目，鼓励学生善用和用好线上图书馆的优质资源，以便于让学生自主学习的能力得到提升和发展。

反思性教学在教师的教学认知活动中占据着重要地位，它渗透在整个教学活动当中，实际上是教师为了达到有效教学的目的，正面思考教学活动以及其背后所隐藏的理论和假设，在反思的过程当中及时找出教学中存在的各种问题，并且寻找各种途径解决。反思性学习是教师通过自我反省、不断修正自己的行为方式，使自身成为一个具有高度自觉能动性的学习者。对反思性教学而言，其终极目标是让教师的教育教学水平有所提升和发展，也是提出、解决问题以及提高专业能力的一个具体过程。在此，作者期望借助对《大学英语》课程思想政治的教学实践进行深刻思考，将教学实践过程中存在的一系列问题完美解决，吸取和总结经验教训，为了促进下次教学效果，持续提高高等院校英语教师课程思政的教学能力。英语教师在《大学英语》的课堂教学，一方面要向学生传授语言的知识与技能，另一方面又要大力弘扬和传播社会主义核心价值观，以便于真正实现在英语教学把思政教育悄无声息地融入其中，润物细无声。

第四章　高校英语教学与人文素质培养

人文素质的培养在高校英语教学中具有十分重要的作用。因此，本章将分别对高校英语教学融入人文素质培养的理论依据和实施方案进行详细解读，从而探讨推动当代高校英语教育与思想政治教育相结合的方法。

第一节　高校英语融入人文素质教育的理论依据

一、中国传统教育思想

我国古代启蒙教育的书本上，到处都是为人处世的说教训导，其中四书五经当中就隐含了不少劝人为善以及修身养性之理，《论语》就是其中之一。中国春秋战国时期的大教育家、政治家和思想家孔丘（孔子），是儒家学派创始人，他以自己毕生的精力研究学问，创立了一套完整、系统的理论体系，提倡在知识教育之中开展寓道德教育，在日常的行为教育当中进行礼乐教育。他认为人首先应该具有最本质的道德品质，其次就是文化知识的深入学习，这也正是他提出"因材施教"和"有教无类"思想的根据之一，同时他认为道德教育与政治教育和智育教育一样，都具有重要意义。因此，纵观其教育历程，他始终将道德教育放在首位。由于道德教育不是一门专门的学科，所以需要将道德要求渗透到文化知识的学科当中，在传授学生文化知识的过程当中，潜移默化地向学生灌输道德观念，文化科学知识的根本任务是为道德教育提供更好的服务。

孔子用"四教"教育他的学生，"文"指文化知识，如诗歌、书籍等；"行""忠""信"主要指的是用品行、忠诚以及信实教育学生，它属于德育教育的范畴。《诗》《书》等珍贵的文化古籍属于孔子"文"教学，这些文教可以在一定程度上有效推动德育。

战国末期著名的思想家、文学家荀子认为，诗乐等一类的艺术作品具有"美政""美俗"等重要作用和意义。南北朝士大夫颜之推亦把知识教育视为道德教育之本，并且服务于道德教育。由此可见，古人思想道德教化之深刻，思想熏陶与知识灌输密切相关。

二、西方古代德育课程渗透思想

在苏格拉底看来，少年儿童道德教育是社会健康发展之根本，这一教育活动应以政治活动为前提，以多种讨论活动为依托。因此，他主张通过讨论促进道德知识与道德行为之间的相互联系。柏拉图把"理智"或者"善"作为教育的终极目标，认为对少年儿童进行教育的目的是让他们拥有成熟的心智，并成为一个具有理智的、崇尚道德的人。正因如此，柏拉图会在他的《理想国》中提出，哲学在人类社会当中是至高无上的知识，音乐、算术等均是哲学研究的基础，从而形成西罗马及欧洲中世纪"七艺"课的雏型。形色各异的学问和知识，也就是整堂课，亦正是指引内心最高贵的功能，去检视一切实在中的最佳事物，其中就包括对"善"的理解，所以他主张把"七艺"作为教育内容之一加以推广并使之制度化，以达到教化民众的目的。纵观各门课，他最为看重体育与音乐科目中的德育功能。

通过"吾爱吾师，但吾更爱真理"的理论勇气，亚里士多德建构了完整的学校课程体系。在日常生活当中，人们所表现出来的各种美德都是理智上的，即道德上的，德育课程在其所制订的课程计划中非常凸显。教育思想中最重要的是关于道德教育问题的论述，其中对学校德育工作提出了许多富有创见和价值的观点与主张，为后世提供了有益的借鉴。此外，他还指出，德行的培养需要在实际练习中进行。在亚里士多德看来，人类的德性能够分成两种不同的类型，一种是理智，主张通过讨论促进道德知识与道德行为之间的相互联系；另一种是伦理，伦理则要通过不断地练习来获得。前者要经过先人的教诲才会逐步养成，并且需要很长时间的努力和积累。针对理智的美德，很明显应专门开设以消遣为中心的休闲教育课程，这些教育与研究仅是针对自己范围内的东西，必要的关于劳务教育是以针对自身以外的事物为最终目的。他开设的以休闲为中心的教育课程，以音乐课程为主，过去音乐被划归教育的范畴，既非为必需之物，亦不当作实用之物。

音乐教育的主要作用是它能够培养和发展人的德行。

西方中世纪德育课程，也就是"七艺"，有两大内容："三艺"包括文法、修辞和逻辑学三门学科；算术、几何、天文和音乐四门学科是"四艺"及宗教教育的课程，它以服务宗教教育为主。"七艺"与宗教教育之间存在着密切关联。随着教会的发展，基督教会开始重视神学教育，对其他科目则采取排斥态度。"七艺"课程在宗教教育的社会大环境之中得到彻底的改造，同时在培养圣职教职人员的宗教目标的影响下，"七艺"作为世俗学科，其主要内容变得非常狭窄，和世俗生活之间的距离逐渐拉长。就"三艺"的诸多学科而言，既深入学习文法，又非常精通拉丁语，其主要目的在于能够自如地阅读《圣经》；逻辑学的训练能够锻炼学生的头脑，赋予其为宗教信条辩护的相关能力，并且可以用言语反对宗教"异端"。由此，学校教育应当把数学、天文学和几何学等作为重要的内容列入教学计划之中。在"四艺"的学科当中，学习算术和掌握天文知识，其根本目的是能明确地推算各宗教节日时间及各祭典活动日期，并且可以占卜星象；数学是一种专门的学问，它能帮助人们认识事物间存在着某种数量关系或比例关系；几何学教学内容中包含了各类测量的常识和技巧。通过学习这些知识，学生能够将其运用在绘制教堂建筑图样上；最值得一提的是音乐的教育。音乐一直以来都被视为宗教教化的主要工具。在教堂中人们通过音乐活动来歌颂上帝的仁慈，通过音乐来向人们传达上帝的旨意。从这里能够看出，当时的教育活动都是围绕宗教事务展开的，一切教育活动本质都是为了宗教活动服务。

纵观西方古代德育课程思想，众多西方学者虽然在这一时期没有十分明确提出建立专门的德育课程，但是通过分析当时已有的课程内容，我们可以发现几乎每一门课都不同程度地贯穿着培养学生德行的内容。不管是亚里士多德、柏拉图的教育理论，还是中世纪受到宗教影响窄化的学校课程，均以综合性课程形式对学生进行德行方面训练和培养，这种综合课程的模式既体现出"人"这一中心概念的内在统一性和完整性，也表现出以知识为本位的教育观与道德规范之间的矛盾冲突。所以，古典课程在课程设置上，虽然有学科之分，但是以实施道德教育为宗旨的传统课程，除了有道德训练因素之外，还具备精神训练因素。

三、西方当代国家德育课程渗透理论

(一)关于"教学的教育性"规律

历史上,首次揭示了"教学的教育性"等规律的是赫尔巴特(Herbart),他在《普通教育学》中对这一问题进行了系统、深刻的论述,作为德国著名的哲学家和教育家,其教育思想对现代教育学产生了巨大的影响。在赫尔巴特看来,教学的最终目的是塑造人的德行,即善之意志,它是由五种不同道德理念(自由、完美、友好、正义、公平)的完美统一。其"主知主义心理学"等主张人心合一,每个人都有情感、善之意志等,这些都存在着密切的联系,这一心灵的统一体是以理念为基础,以观念体系为核心构建成的。因此,教学的最终目的不是为了传授知识,而是通过教授学生掌握知识培养学生的品格——"善学",这就把作为传递知识过程的教与作为塑造善之意志的道德教育统一起来,最终形成"教学的教育性"的思想和理念。

赫尔巴特指出:"我想不到有任何'无教学的教育',正如在相反的方向,我不承认有'无教育的教学'。"[1]从这里能够看到,学者们普遍认为德育必须贯穿教学始终,如果教学活动缺少了德育,那么教学就成为一种没有目的的培养手段。赫尔巴特把实现教育的终极目的与传授文化知识视为同一个过程,从而在历史上第一次揭示了"教学的教育性"规律,第一次把教学与道德教育统一起来,对后世影响深远。[2]

(二)关于道德教育途径

美国的约翰·杜威(John Dewey)被誉为实用主义神圣家族的家长,在美国实用主义哲学中,它代表了当时的思想影响,开创了实用主义教育思想。他提出一套完整的关于儿童道德教育的理论,包括儿童的道德观、儿童心理结构与特点、道德教育目标等。他并不认为道德能与别的课程分开教授,在他看来"道德"作为一个名称并不是指人一生之中某一特别区域或特殊的一段人生,他认为每一门功课都具有德育价值,并且均是德育教育。真正意义上的道德教育应该通过间接,

---

[1] 廖启志.思想政治教育与素质教育的关系研究[D].武汉:武汉大学,2003.
[2] 杨燕.毛泽东邓小平江泽民思想道德素质教育观研究[D].武汉:武汉大学,2005.

以及整个学校生活培养和发展学生的道德，提倡学校的全部课程按全面主义的课程设计模式，构建德育课程，了解这些学科的社会意义以后，就会使道德兴趣得到增加，同时培养和发展自身的道德卓识。道德目标不仅是各科教学的首要目的，还是各个学科教学的共同目的，因此应该懂得怎样将道德标准加到学校教材中去，这是非常重要和关键的。此外，他还就德育在现实教学活动中的可行性问题进行了论述。他认为，在现实的教学活动中，学校不可能将全部的经历都放在对学生的道德观念训练上，但在各个学科中融入道德训练，则是完全可行的，且这一点应当被看作教学活动的重点。为了实现这一教学理想，他提出，学校的道德教育应当从两个方面同时入手，一是营造具有德育功能的学校生活环境；二是在各个学科的日常教学中间接地进行道德教育。只有充分地发挥学校的道德教育优势，充分利用学校的各种教学资源，才能在进行知识技能教育的同时，全面提升学生的人品道德。

要说道德的教育有问题，不一定是由于未设置专门德育的课程，而是全校的氛围、教师性格、教师教学方法以及教材未能将知识效果和德育教育融为一体。所以，在道德教育方面，应借助一切学校生活构建的机构、手段与材料，作用于人格的健康成长。

劳伦斯·柯尔伯格（Lawrence Kohlberg）在如何推行道德教育方面做出了卓越的贡献，并创立了道德认知发展理论。正因为此，他也被西方业内人士誉为"现代道德教育复兴运动中最著名的人物"。在劳伦斯·柯尔伯格看来，当学生身处于学校环境之中的时候，学校的所有资源与媒介均会影响学生的健康成长。那么，对学生进行道德教育的方式就应该有很多。除了正式的道德教育课程外，学校还应当广泛开展各种德育活动，在一些其他学术活动和社会实践活动当中，也应当将道德精神融入其中。学生在参与各种实践活动的过程中，能够亲身体会到社会交际的方法与准则，也能够感受到一个拥有良好品德的人会得到身边人的尊重和喜爱。

柯尔伯格提倡道德教育不应该仅以学科的形式出现在人的眼前，应该把道德教育以一种巧妙的方式与其他学科教学相结合，将其渗透于整个课程当中，原因在于不管哪一门学科，都是既可以提供事实外，也可以提供价值的论题。实际上，道德是人的精神上的东西，它不是直接从外界获得的。除此之外，他还提出道德要统整于全部课程里面,如科学、文学等,通过各种途径和方式开展道德教育。

通过阅读尼尔·诺丁斯(Nel Noddings)的学术著作,我们能够感受到,她十分擅长从道德教育与道德发展的角度来探讨问题。此外,她本人对女性伦理道德的研究颇感兴趣,其学术思想对西方当代女性的成长产生了不小的影响。她相信我们每个人都有多个兴趣与能力,学校应成为有各种用途的组织和机构。德育应该从学生熟悉的生活情境出发,让他们在真实的体验中感受到道德和责任的意义。学校的唯一目的并非智力,同时智力亦非第一目标,道德是学校最根本的目的,它直接影响其他各种目的,学校应该以道德目的为先,对其他目的提供正确指导,它们之间存在着目的和手段的关系。学校的一切活动都要围绕着培养学生高尚的品德这一中心进行,德育则是学校工作中最重要、最有成效的一种形式。她认为在学校教育中不仅要将德育放在首要地位,也要将德育落实到教育全过程。关心德育贯穿于学校教育和家庭教育之中,甚至渗透社会生活的各个领域;关心德育既存在于课堂中,也出现在课后。德育除了体现于学校开设的课程,也体现在学校制度的改革、制定政策之中。

(三)关于道德课程形式

克里夫·贝克(Clive Beck)为了构建出更符合当代社会发展需求的价值教育课程体系,对价值教育课程的形式及作用进行了详细的介绍。他认为,可以将价值教育课程大致可以划分为三个方面:第一,偶发性课程。教师及学校管理者及时处理教授其他科目,或者管理学校过程中意外发生的问题;第二,整合课程。将关于价值课题融汇于学校已有课程,开展更清晰、更系统、更规划的教学,需要注意的是在这类课程中并没有专门开设价值教育课;第三,设置独立的价值教育课程。在课程表中纳入价值教育,并且将其作为学校的正式课程,在相对固定时间内对各种价值问题进行处理和解决,开展价值教学,此类课程虽然和其他学科之间互相联系,但是在教学的方法和内容上均具有较大自主性。他把价值教育看作是综合与复杂的工程或者项目,其认为要把道德学习和整体学习结合在一起,将这三类课程进行有机的整合,唯有如此才可以较好地实现价值教育的任务。在他看来这三类课之间并不对立,因此应尽量做到同时运用。

四、高校英语融入人文素质教育的重要意义

（一）融入人文素质教育是高校教学改革的必然趋势

随着我国高校教学改革的发展，在高校教学当中，对学生的人文素质的要求越来越高，因此将人文素质教育落实到高校英语教学当中，对于推动改革工作开展起到了至关重要的作用。目前，我国正处在经济转型时期，市场经济也逐渐向多元化方向发展，在社会建设与市场环境中，企业对人才的需求已经不停留在过硬的理论知识基础上，学生在综合方面的素质开始成为考核的一个重要指标。高校英语教学需要注重提升学生的综合素养，这也间接对高校英语教学提出了更高要求，既向学生传授理论知识，要为学生未来的成长打下扎实的理论基础，同时又要推动学生全方位的健康发展，让学生的综合素质得到大幅度的提升与发展。

当前，我国高校英语课堂仍然存在一些问题，不能满足人才培养的需求，因此需要加强人文素质教育的开展力度，以适应新时代发展的要求。寓人文素质教育于英语教学，能潜移默化地给学生带来一定的影响，它对于学生的身心健康发展，人格培养都有着十分重要的意义和作用。在教学过程中，教师应该积极转变传统教学方式，运用先进教学方法开展教学活动，让学生知识面得到拓展和延伸的同时，进一步将学生对英语学习的强烈兴趣激发出来，使学生的潜能得到最大的挖掘和发挥，由此，寓人文素质教育于英语教学中无论是对提高教学质量，还是快速达到素质教育目标，均起着举足轻重的作用。在我国高等教育大众化阶段，社会上越来越多的人都意识到了英语教育的重要性，但由于受到传统教学模式的限制，很多学校的学生缺乏良好的外语素养和文化修养，所以在高校英语教学中应该适时地将人文素质教育融入其中。

（二）有利于更好地适应英语专业的培养目标

使学生有广博知识面的同时在英语方面也有坚实的基本功以及较高的能力与素质，是高校英语专业的培养目标，即大力培养专业的复合型人才，这就要求教师在教学过程中既重视英语基础知识和基本技能的传授，同时也必须注重对学生的综合技能训练。复合型人才既要求他们有坚实的语言基础，又要有渊博的文化知识，更要有较好的人文素养。因此，英语教师必须将培养大学生的人文素养作

为自己义不容辞的责任。人文素质培养是英语教师在教学的时候，通过课堂内容将人类优秀文化成果教授和传递给学生，从而使学生的人文素养得到有效的提升。另外，将人文素质教育导入高校英语教学之中，也更加符合英语专业的培养目标。

（三）有利于提高学生学习的积极性和主动性

伴随着中国经济发展，改革开放脚步的不断深入，社会对英语人才的要求变得更加多样化和多元化，在这一过程中除了要求学生具有丰富的专业知识以外，还要注重对学生的综合素质教育，使其成为德智体美劳全面发展的合格专业人才。想要真正在竞争中处于不败之地，英语专业的学生学好英语专业知识是非常必要的。作为一门实践性极强的课程，英语教育应该注重培养学生的综合素质以及实际应用能力，因此教师应该重视英语教学改革，不断优化课堂教学方法，激发学生的兴趣与热情，提升他们的语言运用水平。

事实上，英语教学在传统教学的过程中，其方法比较单一和枯燥，很难将学生学习英语的积极性、主动性发挥出来，为了解决这个问题，教师应该改变传统的教学模式，将人文素质引入英语课堂中。通过将人文素质教育的理念巧妙融入教学之中，抽取教学内容中所涉及的所有人文学科因素，使学生在学习的时候有所感，有所悟，不仅使教学内容变得更加充实，还进一步增强和提高了英语教学张力、想象以及感情的抒发。

（四）有利于培养学生自主学习的能力

根据目前各高校英语专业的学习现状，许多学生比较注重学习英语专业知识，没有深度学习人文素质，对其学习还存在一定的缺失。因此，在实际教学中需要加强对学生人文素质培养的力度，使其更好地适应社会发展要求。将人文素质教育引入教学之中，可以引起学生探究人文知识与内容的强烈兴趣，调动他们的学习的积极性，让学生的自主学习能力得到提升和发展。教师应当注重培养学生良好的人文精神，并将这种观念渗透进课堂之中，使其成为一种自觉意识。此外，学生自主学习的时候，可以得到探究人文知识的乐趣，获得满足感，从而始终保持着创新学习精神。

第二节 高校英语融入人文素质教育的实施方案

一、变应试教育为素质教育

尽管我国早在许多年前就已经强调改应试教育为素质教育，但在具体的落实情况中，我们依然能够清晰地看到应试教育的残余影响。这在高校的英语公共课教育中表现得十分明显。

从应试教育这一理念来看，主要目的是选拔考试以及提高升学率，将考试要求作为教育内容，并且设计专门的课程，建立一整套符合考试要求且相对稳定的教育教学方法，同时据此建立了一套完整的教育体系，体系除了将考试成绩作为评估标准之外，还将升学率高低作为评估标准。而素质教育的目的是为社会提升整体素质，全方位地发展优秀人才，其教育宗旨是快速推动个性的发展，塑造健全的人格，让各个方面的知识与能力均衡和谐地发展，并且以此确定、设计、选择相应教育的内容、课程与方法，素质教育是把提高学生全面素质作为主要质量评估标准的教育体系。

通过对应试教育与素质教育的概念进行分析，我们能够发现二者的本质区别。如果从方法论角度来探讨，应试教育更注重教育体系运行过程中各个环节的完成情况，并且注重对阶段性教学成果的考核；而素质教育则更多地是立足于社会发展的角度，从整体来对学生的素质发展进行促进。如果从功能角度来看，素质教育和应试教育相比较，其功能性更强，原因在于它比较强调学生的终身发展，注重学生学习能力和社会生活能力的培养；应试教育的内容相对片面，教学行为也不具备发展性。

一直以来，我国政府和有关部门虽然重视和强调素质教育，但在具体的教学实践中，要想完全落实素质教育，则有一定的困难。的确，要完全将应试教育转变为素质教育，确实存在一定的困难。这不仅要依靠国家相关部门的监督与倡导，还需要广大一线教师在实践中不断探索，同时也需要社会各界人士的支持。具体而言，首先，政府一定要有切实、有力的方针与政策，改变整个社会的思想与观念，动员所有有利因素及资源，在教育领域扶持素质教育的整体发展，营造有利于素质教育的文化舆论与社会支持环境，提出切实管用的方法，将素质教育全面推向"高潮"，努力推进制度的创新，对人事制度、就业制度以及评价制度进行有效的改革与深化，创造高素质化和高度文明的良好社会环境；其次，对社会用人与就业机制进行适当的转变。在市场经济条件下，人才的竞争日趋激烈，这就要求我们必须从体制上建立起适应社会主义市场经济体制需要的人才流动机制。社会用人制度对推行素质教育具有重要导向作用，改革用人制度从某种意义上看是全面推进和实施素质教育的当务之急，刻不容缓。在人才竞争日益激烈的今天，人们越来越关注求职者的综合素质，不仅看重应聘者的学历、英语水平等，对他们的思想道德素质状况也非常关注，其实思想道德素质水平对作品的业绩同样有正负两方面的作用。社会上的各个用人单位一定要将对学生的人品道德和综合素质作为招聘考核的重要方面，人事部应当制定一套健全、科学的人才综合素质考评体系，从而提升公司员工整体素质，改进公司文化氛围。再次，国家教育系统一定要继续大力度强调素质教育，让素质教育的理念深入人心。在各项教学工作的评价中，应将素质教育的有关内容纳入其中，同时既要明确评价标准，又要清楚具体要求，另外还要从实际出发制定出科学的发展目标，并且建立完善的激励机制，以促进学生全面健康地成长成才。最后，高校要对多个方面提出一系列改革的具体措施，如学校的管理、服务等。

我国之所以要倡导素质教育，是因为原来的应试教育已经不能满足中国的现代化发展需求。所以，素质教育作为时代快速发展的具体要求，是社会经济发展到一定阶段的产物。在英语教学当中，素质教育是为当代社会培养多元文化交际者的重要方法，如果忽视了素质教育，学生便无法胜任复杂多元的国际文化交流工作。只有以应试教育向素质教育转变这一总体方向为前提，教育系统及高校才可以将英语思想道德素质教育，作为自己的使命和任务规定下来，将其真正落实到素质教育中去。

二、设计恰当的具体教学目标

实施高校英语教学中的思想道德素质教育，应该在综合考虑之后，合理、科学地制定特定的教学目标，不断提高对教学目标的期望值。在设置思想道德素质教育的时候应该遵循以下几点要求：第一，合理设置教学目标，难易程度应该恰当，既要有难度，又不可以高不可攀；既要维持一定程度的压力感与紧张感，又不会让人觉得太过紧张，必须使全体教师和学生相信，他们经过不断地努力，具有实现目标的本领，由此充满自信与坚定，激发工作的巨大动力，使师生双方都能在较短的时间内明确各自的职责与任务，增强责任感。想要确定适当的难度，在课堂教学中教师必须根据学生实际情况及教材特点等因素选择适宜的教学内容，使教学活动的科学性与趣味性相统一，以调动全体学生学习的兴趣。如果目标难度过大或者过小，都不利于调动人们工作的积极性。第二，教学目标的设定应清晰、具体、切实可行。在确立关于学校长期发展目标方面，近、中、远期都要有特定的目标，然后分解总目标，在各系、各部门分步实施和落实，构成从上到下的目标体系，如若不然给人的感觉就是目标太虚、漫无边际，导致人们失去追逐的冲动。第三，推行素质教育，一定要有一个完整的目标体系，这样才能保证素质教育目标体系具有科学性和可操作性。在确立素质教育的目标体系的过程当中，一方面要符合素质教育发展的教育方针要求，另一方面应建立在学生质量稳定内化层面与可观察外显层面统一的原则基础之上，先后制定总体目标及分项目标。在确立素质教育分项目标的过程之中，并非简单地分解总体目标，而是严格按各单位、学科以及学生的年龄特点等各方面的影响，将总目标融化，把学生素质发展的各方面的具体内容作为一条横线，以具体教学要求为纵，划分于教学目标系列，从而在实施与检查的时候更加方便。

在高校英语学科的教学工作当中，渗透思想道德素质教育是基本的任务。这对当代高校英语教师的教学工作提出了一定的挑战。教师只有对教材进行深入分析，并从中找出恰当的切入点，才能够真正将思想道德素质教育融入教学实践。但随之而来的问题是，高校如何对教师的教学成果进行评价？这就要求学校要对英语课程中思想道德素质教育的渗透提出明确的要求，这一点可以体现在教学内容的设计、教学形式的调整、课外活动的安排等方面。学校只有有了明确的教学要求，才可以推动教师教学积极性的充分发挥，从而把思想道德和素质教育真正落到实处。

英语教学中思想道德素质教育，通常有特定和具体的教学目标设计，需要围绕着提升学生思想道德素质这一教育目标，并且持续性地开展与深化。因此，英语课程的思想道德素质教学目标应该以培养学生良好思想品德为中心，同时兼顾知识技能和能力等方面的要求。尤其应该指出，在设计思想道德教学目标的时候应具体且鲜明，重点强调教材中反映出来的渗透点，对学生进行思想道德和素质教育，有一定的可操作性。明确指导思想，把握德育目标，定位思想道德素质教育与其他学科有着本质上的区别，其根本任务在于培养受教育者良好的思想品德品质。思想道德素质教育目标设计在内容上是自然的包含于教材内容之中，经过英语教师合理地采掘和机智地加工，就能够将其价值功能充分展现出来，特别要注意绝对不可以任意曲解和随便增加，同时也不可以恣意拔高，牵强附会，因为思想品德与语言知识之间存在着紧密的联系。因此，从我们现在所采用的英语教材来看，其本身的内容是十分丰富的，这为教师的教学工作奠定了良好基础。在制订教学计划的过程中，教师不仅要注重提炼教材中的显性因素，还需要深入发掘教材中的哲理性因素，并通过巧妙的方式将二者进行有机结合。事实上，关于思想道德和素质教育的内容，高校英语教材中本身包含了许多，为此，我们有必要对教材进行深入研究，只有将教材的作用尽最大程度进行发挥，才能达到理想的教学效果。英语课教学中的思想得到渗透和英语的技能训练以及基础理论知识的传授，这三者是相辅相成、密不可分的统一体，三者互相配合，有机渗透在英语课教学中。因此，英语课程的思想道德素质教学目标应该以培养学生良好思想品德为中心，同时兼顾知识技能和能力等方面的要求。

三、改革教育体制

一直以来，我国的教育体系都表现出明显的统一领导性与强制服从性特征。这种教学体制在推行中央制定的教育方针方面有着一定的积极意义，但在具体的教学实践中，则表现出一些负面影响。所以，在高校的教育发展中，推动教育体制的革新是十分有必要的。只有在紧紧围绕国家基本教育方针的基础上，充分激发各个高校的自身发展活力，才能使每所高校展现出各自的优势，并有针对性地为社会做出贡献。此外，高校还应继续改革高校传统评价制度，对学校素质教育的评价，也要从素质的角度去审视学校，关注过程评价和效能评价，一定不能用终结式评比衡量学校。英语教师要把培养学生的综合能力放在第一位，尤其是要加强对他们的思想道德教育，只有注重发挥思想道德素质教育在教育中的重要作用，才可以推动和促进英语教学思想道德素质教育的开展。

要从观念上树立以人为本的意识，确立德育为先的理念。长期以来，高校作为知识创新的基地，应该把学生培养成知识型人才。1996年发布的《中共中央国务院关于深化教育改革全面推进素质教育的决定》当中提出简政放权，增加省级人民政府对区域内教育发展与管理权，同时加大统筹力度，让教育与地方经济社会发展两者之间保持密切的结合与联系，同时强调建立科学有效的高等教育评估机制和高校内部教学质量监控系统，保证人才培养质量。按照《中华人民共和国高等教育法》的规定，切实履行并扩大高校办学自主权，进一步增强学校与地方经济社会发展相适应的生机，强化高等学校监管力度的同时，也加强在办学方面的质量检查，便于形成学校办学行为与教育质量之间的社会监督机制，同时建立评价体系，健全高等学校的自我约束、自我管理的机制。

自改革开放以来，我国的高校管理者便致力于研究如何推动当代高校管理体制的改革，在这一过程中，也在相当程度上参考了社会对高素质人才的要求。在相当长的一段时期内，我国大学宏观层面上的组织结构与管理体制，均是国家行政组织结构与管理体制的扩展，行政功能过度增强，过浓的行政色彩，覆盖着高校学术管理最本质的特点，在其影响下导致学校最终变成官僚化组织机构，过于陈旧和僵化的管理思想、模式，在一定程度上束缚和压制着教师的学术个性与创造性的尽情发挥，及学校素质教育文化氛围与品位下降。

为了推动高校的个性化发展，提升高校的教学质量和科研成果产出量，高校必须要加强对管理方式的创新。高校推行素质教育的核心力量来自于高校的教授，所以对高校管理者来说，主要任务是通过多种管理方法努力为教育工作者营造良好的工作环境，以及激励他们在教学中主动创新。英语教师要把培养学生的综合能力放在第一位，尤其是要加强对他们的思想道德教育，因此学校有必要对组织结构进行优化与改革，将权力的重心下移，改变管理人员角色，将教育工作者在学校民主管理中的积极性发挥出来，营造优良学风和校风，形成良好的实施素质教育的氛围，确立我国高校管理中应树立的新理念：首先，在高等学校中教师和科研人员处于主体地位，专职行政人员作为一种辅助力量；其次，在高等学校中教学和科研工作处于核心地位，其他的工作都必须围绕这一中心；最后，管理工作的本质并不是领导，而是服务，所以服务学校、服务其他教职人员是高校管理人员的本职工作。从另一个角度来看，高校管理系统必须要对每个环节的管理工作制定详细的、可量化的评价准则，同时创建一个科学、合理的奖惩机制，唯有如此才可以激励教育工作者实施思想道德素质教育，并且真正做到落实，让学生的英语学习更为丰富多彩，更有收获。

四、加强高校英语教师素质培养

想要在全国范围内实施和推行素质教育，必须建立在所有英语教师素质提高的基础上，只有这样才能保证高等教育事业健康有序地发展，不然落实思想道德素质教育，将是一句空话。一所学校能否培养出社会主义建设所需要的合格人才，以及培养德、智、体全方位发展的，具有社会主义觉悟和文化的劳动者，最重要和最为关键的是在其中扮演着重要角色的教师。全面提高英语教学质量的核心在于提高广大英语教师的素质，它包括多个方面，如知识学历水平、思想道德素质等，这些素质无法在较短的时间内得到提升，需长期不懈的坚持与努力。需要指出，在英语教师素质不断提升的今天，要提出适应性、层次性以及阶段性的总要求。

首先是适应性。具体而言，适应性就是指高校的英语教师必须能够根据学校的教学要求，快速对自己的工作做出调整，不能一味守旧。

其次是层次性。任何教学工作必须具有鲜明的成才性特征，只有这样，才能最大程度满足学生多样化的学习需求。学校管理层必须提出具体的分层要求，并从学校众多教师中，选拔出思想先进、能力突出的青年骨干，让他们充分发挥带头作用，从而促进教学工作的落实。

最后是阶段性。英语教学是一种周期较长的教学工作，英语的学习不可能在一到两个学期内完成。因此，高校英语教师必须根据学生大学四年的教学计划做出合理安排。同时，也有必要根据岗位职责提出具体的阶段性工作要求，如对各个级别教师进行职业培养、业务能力拓展等。

高校不断强化英语教师的素质培养与发展，对全面提升我国英语教学水平有着十分重要的意义。

（1）确立以促进高校英语教师有意识地提升马克思主义理论和思政教育功底为目标，是当前高校英语教师发展的迫切需要。从高校实际情况来看，在目前条件下，对高校英语教学中如何加强思想政治工作的研究和探讨还很不够，这也是制约我国高等教育改革进一步深入发展的重要原因之一。目前，高校英语教师的培养，除了要不断提高英语专业业务水平和能力之外，还应该将重点和关注点放在有序组织高校英语教师学习马克思主义的基本理论，可以应用马克思主义的基本立场、观点与方法，认识问题，处理问题，努力让高校英语教师思想道德素质得到全面提升，增强自觉落实思想道德素质教育工作的水平、能力与层次。

（2）提升高校英语教师的教学自觉性能力。这里提到的自觉性能力，主要是指教师能够有意识地将英语教学与思想道德素质的教学相结合的能力。这不仅涉及教师教学思维观念的问题，还涉及教师个人能力和教学方法的问题。首先，高校英语教师除了拥有较高的英语专业水平外，还必须具备高尚的品德和积极健康的思想。英语教学本质上是文化的教学，因此只有高校教师自身拥有良好的文化品味，才能给予学生正确的引导。其次是教学方法的问题。一般英语技能的教学与融入思想道德素质的教学有着本质的区别。因此，如果教师不能掌握正确的教学方法，那么即便他们自身拥有极高的道德修养和个人素养，在教学的过程中也只能仅仅依靠个人魅力来影响学生，这种影响效果是有限的。课程教学不仅是推进素质教育的主渠道，也是最基本的方式，因为英语教师在人才培养的首要阵线，所以对学生各个方面的影响力既持久又直接，继而成为学校实施素质教育质量高低的首要决定因素。为此，高校应重视在实践中研究并积极培养英语教学和思想道德素质教育结合的复合课程知识结构讲课能力，激发教师参加研讨与研究的主动性，开展和组织多种形式的教育实验和探索活动，就教育实验及初步结果提出合理建议，同时科学分析第一手材料，形成一种把思想道德素质教育融入英语教学中的专门教学模式。

五、形成正确的素质教育观念

在素质教育实践的过程中，许多教师都对这种教育方式产生过各种认识上的误解，这些误解的产生在一定程度上是由于相关人员教育观念不正确造成的。人的观念会对人的行为产生重要影响，观念不仅是个人认知情况的直接反映，更是某一时期、某一环境下，客观社会生活本质的映射。在教学活动中，教师的个人观念对教师的教学方法、教学思路、问题处理等方面都产生了直接的影响。这就要求高校在推行思想道德素质教育与英语教学相融合的教学方式时，必须加强对英语教师教学观念的培养。

第一，做好教育主体有关人员的教育和宣传工作。使其对素质教育、思想道德素质教育等相关内容进行认真的理论学习和研究，明确素质教育、素质各因素间存在的关系。

第二，有的放矢地修正高校中存在的各种认识误区。我们必须要明确在英语教学中的素质教育应呈现什么样的形态。若把素质教育与普通人文讲座等同起来，那么这样的教学可以说是毫无意义的，这对大学生而言是枯燥乏味且难以接受的。如果我们仅仅将素质教育看作是政工系统和政治课教师的工作，则又在一定程度上忽视了思想道德素质教育的普遍性。将思想道德素质教育融入生活、教学、课内和课外，无论何时何地都能进行；英语教学不仅要传授知识，还要培养学生良好的思想品德和高尚的情操，因此必须将其寓于教学活动之中。英语教师的思想道德素质教育既可以在英语教学任务结束后的剩余时间补习，也可以在所授课程中充分寓于思想道德素质教育的内容之中。因此，必须把思想道德素质教育渗透到整个英语课上。明确以上几点之后就可以最大限度地避免目前各种素质教育的误区，让思想道德素质教育在英语教学中得以顺利、正确地开展。

六、构建整体性课程体系是基础

人们将各种各样的学科教学计划以及具体内容的综合称之为课程，这种解释是狭义的。从广义层面来看，课程应当包括学校有步骤地指导学生取得预期学习结果所做的综合性努力，它不仅包含了各种各样的学科及相应的教学内容，还包含了全部和教学工作有关系的事件或要素，通常将其称之为课程体系。

学生在步入高校之前，已经具备了基本的英语能力，因此高校的教学不能仅仅停留在阅读和写作方面，而是要注重学生听、说、读、写的综合应用能力，并通过各种活动让学生从文化层面上对英语语言产生更深层次的理解。在这一过程中，学生能够构建起较为完整的中外文化思想体系，并通过广泛涉及西方文化来拓展自己的视野，在中西文化对比分析的过程中使自己的思维得到启迪，灵感得到激发。

（一）适度

在教学中渗透思想道德素质的教育，就是把思想、精神等传递、转移给教育对象，使教育对象无意识或者有意识地认可和接受，是一种潜移默化、润物细无声的方式，是对学生进行道德教育的有效途径。在英语教学中，应充分认识到德育渗透具有依附性，应该尽可能防止牵强附会、形式主义等。把思想道德素质教育贯穿到整个英语教学过程之中，才能真正达到教书育人的目的。思想道德素质教育的渗透，决不是游离在英语学科的边缘，它主要是由英语学科自身的特点与性质决定的，其不仅可以促进学生掌握语言知识和技能，还对提高其道德素养有重要意义。所以，作为一名英语专业的教师，要认真学习、正确把握英语学科的主要特点，不能把英语课程转化为政治理论课，否则就会丧失英语课程教学的实质，应该将趣味性和知识性融为一体，并且渗透思想品德的教育内容。

（二）量力

高校是全国各地学生汇聚的场所，那么在进行思想道德教育的过程中，也要考虑到学生的思想差异。例如，南方与北方的学生在性格方面有着明显的不同，而不同民族的学生在文化观念上也存在着一定的差异。高校教师在进行英语教学的时候，不仅要引导学生体会中西文化的差异，也应当引导学生将西方文化与自己家乡文化之间进行对比，从而体会到多元文化的魅力。英语教学思想道德素质教育，一定要立足于学生的实际情况，必须从学生的心理特征、实际思想、生理特征等方面出发，对德育资源进行有针对性、目的性的筛选。

（三）系统性、连续性

学生的思想道德素质教育是一个潜移默化的过程，教师在推行这种教育时，也要注意循序渐进，注意教学的整体性、系统性和连续性。所以，当代高校的英语教学要体现思想道德素质教育，就必须将这种教学观念与教学的具体过程进行紧密结合。每一堂英语课都是对学生进行思想熏陶的重要契机，每节课都应该从教材内容中挖掘出素质培养的因素。要持之以恒、锲而不舍地寓思想道德素质教育于英语教学之中，长期地熏陶渗透，才能收到效果。

总之，在高校中，思想政治教育是重要的组成部分，高校英语教师承担着思想道德素质教育的任务。目前，由于各种原因，部分高校学生存在着严重的思想道德观念滑坡现象。渗透性教育可以对思想道德素质教育起到一定的积极作用，能够让高校英语教学逐渐成为高校思政教育工作的一个场所，其中高校的英语教材可作为其载体,与其他方法相结合,形成教育的合力。思想政治和道德素养的教育对当代大学生真正进入社会后的健康发展有着不可忽视的意义,只有当学生拥有良好的道德素养和正确的思想政治观念,他们才能在遇到问题后,做出正确的选择和判断。在高校英语教育中融入思想政治和道德素养教育,对提升学生的中西文化判断能力、分析国际局势能力都有着不可忽视的意义。

七、建立合理评价体系

在推行素质教育的过程中,首先要面临的问题就是如何对教育的成果进行评价。只有指定恰当的考评体系,才能对教师的教学工作产生正确的引导。就目前而言,我国绝大多数高校的英语教学仅仅重视学生的期末考试成绩,也有一些学校会将学生的日常签到情况、作业完成情况、课堂发言情况进行记录,并将其作为期末考评的参考内容。尽管从形式上来看,学生的考试成绩判定方式变得更为丰富,但实际上依然侧重于知识性考试,具有明显的形式主义特征,这种考评方式对培养学生的创新实践能力和文化理解能力没有太大帮助。将关注高校学生学业成绩考核向关注学生全面素质考核过渡以及积极构建学生素质评价的科学体系,这些既是高校全面实施素质教育的迫切要求,也是深化教育教学改革的急切呼唤。这种转变方式也可被看作是大学英语教学评价思想的重要转型,具体的转型实践应当注重以下几点原则。

(一)定量评价向定量评价与定性评价相结合转变

无论是定量评价,还是定性评价,均为评价内涵的应有之意。定量评价一般是将复杂教育现象简单化,或者对简单教育现象进行评价。学生们各方面的成长与进步,也都归结为几组可能出现的数字,教育之复杂,学生状况之丰富,在这一过程中被泯灭,此种评价取向不符合高校素质教育的评价取向。高校素质教育的评价应以全面、协调和可持续发展为基本理念,从整体上对学生进行综合考察,并将其作为衡量大学生素质水平高低的尺度之一。

高校学生素质教育的评价,必须根据不同评价内容进行科学评价,选用合适的特定评价方法。目前,高校在学生素质的评价上有多种评价方法,如定量评价、定性评价等。只有这样,评价活动才可能公正公平,并真正反映出学生的学习情况和个人能力。具体到高校的英语教学评价中，我们可以尝试取消以往的百分制评价方法，使评价体系不再如此生硬。此外，我们也不建议将学生的四六级考试成绩作为对学生的直接评价标准。因为这种考试只能反映学生对英语语言技能的掌握情况，却不能反映出学生的思想价值观念和文化理解能力。那么，在对学生的一般语言能力进行评价的基础上，还要增加定性评价方法，如鼓励教师改革考试的方法，通过学生撰写调查报告、命题作文等方式，评价英语教师在教学过程当中贯穿和渗透思想道德素质教育，以及高校学生的实际状况，不仅能正确评价思想道德素质教育现状，还能更好地开展指导教学，最终实现思想道德素质教育设定的最终教育目标。

（二）单一的相对评价向绝对评价与个性化评价相结合转变

一般情况下，相对评价比较关注学生与学生之间的个体差异，这实际上是将学生的能力评价框定在班级、年级或学校这一范围当中，然后对每位学生在这一范围中所处的位置进行比较的评价方法。在这种评价方法中，教师采取的标准不是绝对的，而是以特定评价范围的学生整体水平为参照的。在这种评价模式下，教师也会在无意识间忽视学生的素质评价，而将评价的关注点放在被量化的成绩上。

所谓的绝对评价，就是把学生在各个方面所取得的成就、业绩和预先设定、所要求实现的各种教育目标，加以逐一对比，以便于分析判断他们实现目标的水平和距离。另外，还要注意将学生成绩与思想道德素质培养结合起来考虑。高校素质教育评价的目的不在于区别学生的优劣，而是明确个人在群体中的地位，目的是起到评价和激励学生的作用。相对评价是指用不同标准或方法对大学生素质状况做出全面、准确、客观、公正的综合评判。对大学素质教育的评价，要综合考虑与之有关的各种因素，灵活地运用上述两种评价方式，目前我国高校实施学生综合素质测评体系时主要采用了两种基本方法。所谓"个性化评价"是指参照被评价者本身的以往、潜力及自身目标，借以衡量学习与发展现状的评价方法，它秉承个人成长标准，该标准的特征有多样化等。在高校素质教育评价体系中引入个性化评价可以有效地解决传统评价存在的弊端，使学生全面自由地进行自我教育，有助于学生个性的发展，在大学素质教育进程中培养创造力，是一个重要的评价方式。

在追求素质教育、文化教育、思想政治教育与英语教育相融合的当代，英语教学的评价绝对不能单单使用相对评价方法。尽管这种评价方法有着较长久的实践历史，且能够激发学生的竞争意识，增加学生的学习动力，但如果控制不好，也有可能导致恶性竞争事件的发展。特别是在公共基础英语课的教学中，对于那些本身英语功底较差，学习吃力的学生而言，他们可能会在过于激烈的竞争下失去学习积极性，产生放弃的心理。若辅之以绝对评价，便能让不同等级的学生逐一对比各类教育目标，看到和掌握在各方面取得的进步和成绩。采用个性化评价，对学生独有的优点进行评价，将学生的自信心激发出来，促进在个性化方面的发展，把他们培养成一个有益于社会的优秀人才。

（三）总结性评价向形成性评价转变

总结性评价是在以往教学工作中使用最为频繁的一种评价方法，即教育活动发生之后与教育效果有关的合理判断。形成性评价具体是指通过对已制定的教育方案或教学计划中存在的问题进行分析，从而获得反馈信息的一种评价方法。在高校的英语教学当中，如果要对学生的素质成长情况进行评价，就必须要建立在"事件"的基础上，即"事中评价"。换言之，具体的评价结论应当具有分析性，并能够对学生日后的学习提出一些切实可行的建议。在课程考试成绩中灵活应用形成性评价，能增加平时成绩比重，并且在实施思想道德素质教育过程中，持续地对英语教师的传授和学生的学习情况进行深度的分析，从而作出正确、合理的评价，便于快速获得反馈，做好英语教学工作的同时，也组织和开展思想道德素质教育。

（四）外部评价向外部评价与自主评价相结合转变

就外部评价而言，评价主体通常由外部人员构成，在整个评价体系当中学生身处客观位置。自主评价则是将学生看作评价的主体，并要求学生对自己的阶段性学习进行反思总结，并制订自己进一步发展的目标。高校素质教育评价方法转型，需要建构如下的评价方法体系：学生在这个系统里，不仅是被评价对象，也是考核的对象，是评价的主体也是客体，可以有意识地依据现实需要进行主客体地位转换，通过转变使之成为能够反映学生综合素养状况，引导高校人才培养目标实现的重要载体。在高校素质教育中，只有真正将此种评价方法体系建立起来，才可以切实起到评价"手段"与"桥梁"的重要作用。将英语教学中的外部评价和自主评价融合在一起，能实现使教师和学生互动的目的，将学生学习英语的的积极性充分激发和调动起来，更加主动地进行自我教育，从而进一步实现优秀品质的内化，推动思想道德素质教育更好地开展。

第五章 跨文化交际与用英语讲好中国故事

本章将分别从中西文化差异与跨文化交际、国际化视角下的高校跨文化思想政治教育、跨文化英语教学理论及思政教育体系构建、渗透式跨文化交际的能力培养、跨文化视域下培养学生用英语讲好中国故事的能力这几方面入手，阐述跨文化交际与用英语讲好中国故事的相关内容。

第一节 中西文化差异与跨文化交际

一、中西文化差异

伴随着近年来经济全球化发展得如火如荼，我国的综合国力逐渐提高，国际地位也在稳步上升，中国与国际社会之间的交流日益频繁。正是这种频繁的交流，将全人类的命运紧紧地连在一起，直接推动了人类文明的融合发展。但不可否认的是，在全人类文明融合发展的过程中，必然会存在由文化差异而引起的冲突。所以，在当代，我们不仅要熟悉其他民族的语言，更要了解不同语言背景下的文化，只有在了解其他民族文化的基础上，才能形成文化上的理解，从而促进各民族间交流的良性发展。

（一）中西文化差异的表现

中西方在文化方面存在着显著的差异，其中包含有多个方面。首先，大的层面上存在差异的地方有职业方面、家庭结构方面、社会阶层方面等等；除此之外就是在小的层面上存在的差异，比如双方会面的注意事项、打招呼、吃饭习惯、聊天等等。下面，作者将会从饮食文化、隐私保护、时间观念、礼节与颜色的象征意义五个方面对中西方存在的文化差异进行研究概述。

1. 饮食文化差异

各个民族的饮食习惯在相当程度上影响了民族文化的发展。俗话说"民以食为天",饮食不仅能够反映出某个地区人民的生活习惯和民间风情,还能够体现出当地的自然环境特征。在饮食文化方面,中餐更喜欢一道菜做到色香味俱全,但是西餐更重视一道菜的营养配比。

2. 隐私保护差异

中国人并不过分重视隐私,且很多时候会主动参与到他人的私事或者家事当中;西方人则更为重视自身隐私保护,且极力避免向他人宣扬自身隐私,不喜欢别人对自己的行为进行自以为是的插手。

3. 时间观念的差异

在逻辑思想方面,西方人更加严谨且保守,因此他们对时间的观念也较强,凡事强调严格按照时间计划进行。但中国人则更讲究变通,因此在制订时间管理计划时,往往会留有余地。

4. 礼节差异

中国更重视礼仪,所以在遇到他人夸奖自己的时候,会谦虚地进行一定程度的自我贬低。但是西方人在得到他人夸奖的时候会更加愉悦地接受。

5. 颜色象征意义差异

基于民族文化背景的不同,人们对色彩所赋予的含义各有不同。通过分析一个民族对色彩的喜好,可以大致看出该民族的基本审美思维。就中国而言,红色无疑是最具象征性的色彩。在传统文化中,红色代表吉祥、喜庆、欢乐,而在近现代历史中,红色则象征着革命,象征着英勇无畏、甘于奉献、敢于牺牲的精神,能够反映出中华民族坚强不屈的民族精神。但在西方一些国家中,红色则代表鲁莽、浮躁、动荡。

(二)中西文化差异的原因与结果

1. 中西文化差异的原因

值得注意的是,中西方之所以出现一系列的文化差异,主要受到以下几个方面的因素的影响。

(1)思维模式造成的差异

中西文化最明显的区别是在思维模式上。东方民族的思维方式可以看作是圆形的,并且通常在直觉体验的基础上,更为重视整体性;西方民族的思维方式则可以看作是线形的,在逻辑实证的基础上,更为重视局部的分析。

(2)不同行为规范造成的差异

一般而言,行为规范就是指在特定社会环境中,人们应该怎样为人处世,是对人的行为进行约束的一种规范。就与人交际而言,不同民族的交际方式也各有不同。在国际间的交际中,我们应当了解交际对象的民族交际习惯,在不冒犯对方的前提下,尽量采用国际上公认的交际方法,这样能够极大地提升交际成功率。例如,西方人在与人交流时,通常会长时间注视对方的眼睛,以此来表示自己一直在认证倾听。而在中国要是跟一些不是很熟的人打交道时,如果长时间注视别人的眼睛,很可能会令他人感到自己被冒犯。所以说,在跨文化的交际过程当中,应当熟练掌握各种不同的行为规范,以便保证跨文化交流活动能够顺利进行,且不会伤害到双方。

(3)不同价值取向造成的差异

对于不同的国家与民族来说,自身的悠久历史孕育了独特的价值观,且在价值取向上也各不相同,而且我们应当明确的一点是,这些价值取向在确定之后就很难在短时间内加以改变。通过对中西方的价值取向进行对比研究之后我们能够明显发现,中国的价值观更偏向"利他",重视集体精神;西方则更偏向"利己",主要表现为个人主义。近年来经济全球化进程如火如荼,中国与不同的西方国家逐渐展开深入合作,这时候就需要熟练掌握跨文化交际的差异,以确保不会因此产生纷争。

(4)语用迁移造成的差异

人们经常会对现实生活中遇到或听到的事情给予自身的见解和评价,而这一过程是建立在特定的文化语用背景之下的。因此,不同文化背景的人在面对同一事件时,会抱有不同的态度。基于不同的文化背景,语言在使用规则上亦会呈现显著不同,一个文化的标准和规范,只有在它本身中依据规定的条件,才能得到说明,绝对不能够将其作为描述其他文化的标准,否则就会直接导致跨文化交际难以成功。我国羊绒制品在世界上有相当高的认可度,但是,在我国北方就有一个工厂,以前出口过"双羊"牌的高档羊绒被,但是,它的商标翻译的英文是 Goats,出人意料的是,这款羊绒被并没有获得良好的销售情况,经过调查之后才发现，goat 这个单词不只有"山羊"的意思，还可以指代"色鬼"。所以说，这个不太好的词汇直接导致很多人不管其有着多么优秀的质量，都不愿意将其铺在自家床上。

2. 中西文化差异的结果

不同的国家之间，在文化上存在着较为明显的不同，因此中国与世界其他民族间的沟通与交流一直存在不小的障碍，存在各种误解与成见，这会导致各个国家和民族间存在不信任，人们之间的合作机会减少，这无疑是不利于全人类共同发展的。文化的差异是不同自然环境和历史背景的产物，已经存在的文化差异是我们无法改变的，在当下，我们只有努力减少文化差异带来的不信任和误解，并在与其他民族人民进行交流的过程中学会相互尊重，才能推动全人类文化的共同繁荣。为有效促进跨文化的交流与沟通，我们应当积极主动学习各种西方的文化与资料，尽力提升自身的的文化素养，使得自己能够拥有更高层次的文化素养，最终实现文化交际能力的提高。

（三）中西文化差异视域下的英语文化教学

1. 加强中西方文化差异教学的必要性

随着 21 世纪的到来，信息技术和互联网技术将全人类紧密地联系在一起，加之科技的飞速发展，各种交通工具不断更新换代，人们可以在很短的时间内到世界上任何一个国家和地区，环球旅行不再是遥不可及的梦想。在这种时代背景下，语言文化得到了快速发展。英语作为一种全球范围内广泛流行的语言，为各民族人民之间的交流提供了便利。可以说，中国人与西方世界的沟通与交流也是建立在英语的基础之上的。因此，学习英语成为我们了解西方世界的重要途径，也成为我们参与国际生活的重要工具。

一个国家的语言与文化是紧密相连的，若要学习语言就需要了解相关文化。若是在跨文化交际过程中不明晰双方在语言与文化上存在的差别，就会有很大可能造成误解，进而影响交际的顺利进行。所以说，在开展大学英语教学的时候，就应当积极引导学生明确认识到中西方存在的文化差异。

首先，语言为文化之外在表现，文化为语言之内涵反映。在学习一门语言的过程中，一定要将该国的语言与该国的文化结合起来。否则我们很难真正理解这种语言所要表达的深刻思想和情感。在进行文化的学习过程当中，需要利用语言精确表达出文化，有效增强学生听说读写的能力。将文化教学观融入大学英语教学当中，引导学生进一步了解中西方文化的差异，教师需要着重培养学生的语言敏感性与语言灵活性等等，通过充分融合语言与文化，就能够在很大程度上有效提升学生的中西方文化素养，使得学生成为全面发展的人才，更好地开展跨文化交际的工作。

其次，我们可以将文化看作是语言的集合体。学习不同国家的语言的时候，需要对该语言存在的文化背景有着较为深入的了解，使得语言与文化能够相辅相成，便于学生理解，进而提升其自身文化素养与跨文化交际的能力。

现如今的大学英语语言教学不能只要求学生仅仅学会一般的英语表达。只有当学生具有良好的跨文化交际能力，他们才能够在日后的生活和工作中正确地运用英语。因此，在大学英语教学中，有必要引入西方文化的介绍，教师要为学生营造一个真实的西方文化环境，逐渐让学生建立起西方思维体系。只有在这种思维体系下，学生才能够真正体会到某种英语表达的深刻内涵。但是需要注意的是，现阶段的大学英语教学在教授中西方的文化差异这一方面有着不足之处，不只是师资短缺，还包括课程设置方面并不理想，教学内容也不够全面等等，这些不足最终导致教学效果并不理想。

2. 加强文化教学的策略

（1）改革英语教学方法

对于任何一门学科而言，教学方法运用得是否正确，是影响教学成果的一个重要因素。在具体的教学过程中，教师可根据课程内容来引入中西文化差异的教学，从而提升学生的语言理解和实际应用能力，帮助学生建立起文化意识，使学生的用语得到规范，避免学生在日后的国际交流活动中错误使用语言，大学英语教学不能只重视语言的教学，也要注重文化的导入。在学习英语的过程中，将西方文化结合起来，与中国文化进行对比，准确分析中西文化差异，让学生在学习文化的同时，加深对语言的掌握。学生学习了文化知识后，加深对目标英语的记忆，在巩固与扩展学生文化知识的同时，提高学生的口语能力和写作技巧。

在跨文化的交际活动中，语言一直都是最重要的沟通工具。事实上，语言不仅仅是信息的载体，更能够体现出一个人的文化修养。因此，高校的英语教学必须要以培养学生的英语文化素养为重要目标。只有学生具备良好的英语文化修养，才能在英语交流中表现得十分得体，从而赢得外国人士的赞赏和信任。将中西文化差异教学的理论和方法引入课堂，在一定程度上引导学生正确理解语言与文化内在的丰富内涵，帮助学生理解西方文化以及相关的交际礼仪，不仅能让学生掌握正确的语言形式，还能让其重视语言运用是否恰当。随着对西方文化了解的逐渐深入，学生能够避免由于语言形式不正确而讲出不符合身份或场合的话，对文化了解的深入使他们能根据不同的对象、情境、文化背景恰当运用语言。

（2）提高师资队伍的多元文化素养

随着英语文化在中国的广泛传播和历代学者的不懈努力，现如今，我国已经拥有相当一批优秀的英语教育工作者，他们为我国各个水平层次的英语教育事业做出了卓越的贡献。而大学作为高等教育，对教师的教学水平与文化素养则有更高的要求。尤其在当代，高校英语教师必须成为英语文化的介绍者，他们不仅要具有良好的中英文应用和理解能力，还必须拥有良好的个人修养、职业信念和正确的文化价值观念。否则，教师便很难带给学生正确的文化引导。大学英语教师在自我提升后，要能够正确把握如何将西方文化在课堂上准确地授以学生，对于不同的文化差异能够因材施教，并了解本学科最前沿的知识，以此来丰富教学内容。

（3）大学英语课程设置要多元化

尽管基本的语言使用规则教学在大学英语教学中依然是十分重要的，但大学的英语教学绝不能变成"应试教育"。文化的教育在英语教育中具有不可忽视的作用，这里提到的文化教学，应当包括西方文化教学和中国传统文化教学两个方面。学习西方文化的目的是帮助学生建立起西方文化思维，只有在西方文化思维体系当中，学生才能够真正理解每种语用规则的深刻内涵，从而真正做到在现实情境中恰当地运用英语。而学习中国传统文化的目的则在于，让学生明白如何运用英语向其他民族的人介绍中国文化，帮助其他民族人民消除对中国的误解，从而实现跨文化的沟通和交流。

（4）拓宽教学渠道，培养学生对中西文化差异的兴趣

尽管我们已经意识到跨文化教学对大学英语教学的重要性，但在具体的落实过程中依然有不小的困难。我们认为，在推行跨文化英语教学的过程中，首先要

注重对学生学习兴趣的培养，要让学生意识到学习西方语言文化的重要性和必要性。在教学内容的选择上，一定要注意"深度"与"广度"的结合。大学生已经具有健全的人格和成熟的心智，如果教学内容缺乏深度，则无法激发学生的学习欲望，而广泛的题材则能够满足学生在日后生活工作中的英语应用需要。

目前，教师资源的稀缺与大学英语教学大纲提出的高要求之间产生的矛盾在大学英语教学中逐渐显露出来。要想改变传统的教学模式，高等院校应在大学英语教学中普及多媒体应用，拓宽教学渠道，以多媒体传播西方文化为主，以其他方式为辅。在具体的授课过程中，教师必须在每学期开始之前先制定好教学计划，想好如何在每一课中融入西方文化知识。教师可以采用猜谜语、绕口令、文化考题等形式来向学生介绍相关文化知识，也可让学生多听各种英语广播，例如BBC、VOA等，在有时间的情况下带学生观看英文电影，并对电影中的英语表达和相关情节进行评述。在课余时间，教师可鼓励学生参加各种校内外的英语比赛，让学生在实践中提升自己的英语运用能力，为进一步了解英语文化打好基础。

二、跨文化交际

（一）跨文化交际的概念

跨文化交际既是指一种人类的社会活动，也是指一门研究跨文化交际活动的学科。在这里，首先分析跨文化交际作为一种社会活动的特点。以下是几个比较常用的有关跨文化交际的定义。

（1）跨文化交际是指那些文化观念和符号系统不同且足以改变交际事件的人们之间的交流。

（2）跨文化交际是一种交流性的和象征性的过程，涉及来自不同文化背景的人们之间的意义归因。

（3）跨文化交际就是不同背景的人们之间的交际。

（4）跨文化交际的过程体现了不同文化背景下的人们之间进行的交流，这一交流是建立在语言沟通的基础之上的，因此也可被看作是一种符号的交流。跨文化交流的本质目的在于在特定的情境中创造出共享的意义。

以上的定义归纳了跨文化交际的几个重要特点：跨文化交际是不同文化背

景的人们之间的交流；跨文化交际是通过象征符号来实现的；跨文化交际是一种动态的过程；跨文化交际是一种双向的互动；跨文化交际的目标是创建共享的意义。

跨文化交际是指来自不同文化环境下的人们之间的交际行为。这里之所以称为"跨文化"，是因为这种交际行为具有两方面含义：一是指不同国家和不同民族的人们之间的交际，例如，中国人与日本人、美国人、阿拉伯人之间的交际是跨文化交际；二是指同一个国家或民族中，不同性别、年龄、职业、地域的人们之间的交际，这也是跨文化的交际。例如，女性与男性之间的交际，南方人与北方人之间的交际等。坦宁作为美国著名的语言学家，曾专门在他撰写的《你就是不明白》中，对男性与女性之间的交际问题进行了详细的论述，并探讨了男女之间存在的多种交际误解以及产生这些误解的原因。坦宁认为，在交际活动中，男性往往更注重信息传递得是否充足和准确，而女性则更关注在交流过程中氛围是否和谐。在中国，南方人与北方人、城市白领与进城民工、老年人与青年人之间的交际其实也都构成了跨文化的交际。美国不同族裔的人们之间的交流也是跨文化的交际。胡文仲认为，在某种意义上，不同人群之间的交往都是跨文化交际。

（二）跨文化交际的特点

1.跨文化交际主要指人与人之间面对面的交际

尽管跨文化交流的范围十分广泛，但在现实当中跨文化的交流还是以人际层面的交流为主。因此，培养高校学生的跨文化人际交流能力，是当代高校英语教学的重中之重。贝内特就强调指出，跨文化交际主要是指不同文化背景的人们面对面的交流。面对面的交流既包括了语言交际也包括了非语言交际，而且是一种双向交流和互动的过程。这也是为什么早期的跨文化交际研究特别关注非语言交际，而不太关注大众传媒的原因。因为传统的大众传媒是一种单向的交流，是传播与接受的关系，缺少面对面交流的互动性。

2.跨文化交际中涉及很多差异性

在跨文化交际的过程中，由于所涉及的文化之间存在着差异，因此在交际过程中，也必然存在着对对方文化和语言解读上的差异，这一特点就是跨文化交际过程中的差异性特征。事实上，跨文化交际是一种更为深层次的文化交际，并非单单指通过某种语言传递某种信息，而是包含了对文化传统、价值观、信仰、态度等方面的表达。因此，表情、手势、着装等因素都被看作是跨文化交际中的重要组成部分。此外，跨文化交际还涉及个人文化身份和社会角色方面的差异，如性别、年龄、职业、地域等方面的不同。这些存在差异的因素相互作用，影响了跨文化交流的过程和结果。当一位中国的中年女教师与一位拉美文化中的高中男生进行跨文化交际时，不仅涉及了在价值观、交往方式等方面的差异，而且还涉及性别、年龄、社会角色、个性等方面的差异。

3. 跨文化交际容易引起冲突

由于语言、交际风格、非语言行为、思维模式、社会准则、价值观等方面的差异，跨文化交际很容易产生误解和冲突。陈国明认为差异性是导致跨文化交际出现冲突的主要原因。

4. 跨文化交际的误解和冲突大多属于"善意的冲突"

尽管在进行跨文化交际的过程中随处可见各种冲突与矛盾，但我们进行跨文化交际的目的并非是进行恶意的攻击，而是尝试通过各种方式来消除不同民族间的隔阂，不断弱化民族间的矛盾，消除人们之间的误解。由于文化与习俗的不同，那些在自己民族环境中十分得体、礼貌的行为，在其他民族的人的眼中有可能变成粗鲁的行为，这种误解在跨文化交际中十分常见。跨文化交际学者布里斯林 Brislin 把这样的误解叫作"善意的冲突"。例如，接受批评时直视老师的眼睛被西方学生看作礼貌的行为，但是这种行为在中国文化中却是一种不尊重老师的表现。跨文化交际中的大多数误解和冲突都属于这种"善意的冲突"，而不是人们有意地伤害别人。

5. 跨文化交际常常引起情感上的强烈反应

跨文化交际活动对人的心理素质有很大的考验。在这一过程中，人们往往会感受到较大的心理压力，这种现象在心理学上被称为"文化休克"。这在一定程度上是由于不同文化带给人的模糊感而造成的，这些模糊的、不确定的文化因素会导致人产生心理上的焦虑和精神上的不安。

6. 跨文化交际是一种挑战，更是一种收获

跨文化交际活动本质上是一种极富挑战性的活动，人们必须对对方的反应做出迅速的处理。跨文化交际的过程中一定会充满误解、怀疑，甚至是不耐烦。如

何把握好交流的深度,控制好交流的氛围,从而促成交流的成功,是每个从事相关工作者始终面临的问题。正因如此,跨文化交际的经历才能够使人们具有更开阔的视野、更丰富的阅历、更成熟的性格、更复杂的思维、更宽容的态度。许多有过出国经历的汉语教师都表示,跨文化交际经历给他们的人生带来了积极的影响,不仅使他们变得更加独立,具备了更强的适应能力和交往能力,更重要的是使他们更深刻地感受到世界上存在着不同的人生方式,并且学会了理解和欣赏这种文化的差异。

三、跨文化交际学

(一)跨文化交际学的历史

跨文化交际作为一种人类活动,历史很悠久,但是跨文化交际研究却是一个年轻的学科。

1. 跨文化交际学的兴起

跨文化交际学最早诞生于美国,这在一定程度上是由于美国在近现代特殊的国际地位决定的。在经济、文化、科技、政治影响力日益提升的时代背景下,美国有必要发展跨文化交际学。

跨文化交际学的兴起与美国在第二次世界大战后在国际上的地位和外交政策有紧密的关系。第二次世界大战以前,美国在地理和政治上都与世界其他地区相对隔离。第二次世界大战后美国一跃成为世界超级大国。为了帮助西欧国家进行战后重建,美国实施了"马歇尔计划"。这个计划需要派遣大批外交官和技术人员到国外工作,但是这些外交官和技术人员由于不了解目的国的语言和文化,在跨文化交流中出现了一些误解甚至冲突。于是从20世纪50年代开始,一些人类学家和语言学家在隶属美国国务院的"外交事务学院"对美国的外交官和技术人员进行跨文化交际和英语方面的培训,著名的人类学家霍尔就是其中的培训教师之一。他的《无声的语言》一书于1959年出版,标志着跨文化交际学的诞生。

此外,这一学科在美国的发展还受到社会文化的影响。众所周知,美国是一个移民国家,因此多元文化共存是美国社会文化的重要特点。为了推动本国各民族人民团结,推动美国社会的和谐发展,美国有必要强调各种文化平等发展,并促进各个民族人们之间的平等交流。另外，美国作为世界上经济和教育最发达的国家之一，国际交流非常频繁，每年有大量留学生和访问学者到美国读书或做研究，美国也有大批技术人员、管理人员到跨国公司在海外的机构工作，所有这些因素都推动了美国跨文化交际学科的发展。

2. 跨文化交际学的创立

霍尔于1959年出版了《无声的语言》一书，这本书标志着跨文化交际学正式诞生。霍尔原本的专业是人类学，但在他将注意力转向跨文化研究后，他所获得的成就远远大于他在人类学研究领域的成就。霍尔从微观的角度研究文化，特别是研究人们无意识的文化层面。其中，他对非语言行为的研究成为跨文化交际学重要的组成部分。霍尔的理论和跨文化交际训练方法成为后来跨文化交际学的理论基础。霍尔对于跨文化交际学的贡献主要体现在以下五个方面。

（1）侧重微观的跨文化交际的研究，而不是宏观的、单一文化的研究。

（2）对于非语言交际的界定和研究。

（3）强调信息交流中特别是非语言交际中的无意识层面。

（4）对于跨文化交际中的差异采取接受而非价值判断的态度。

（5）采用注重学员参与的体验式的跨文化交际训练方法。

3. 跨文化交际学的确立

进入20世纪70年代以后，跨文化交际学得到了正式确立，国外许多高校纷纷开设跨文化交际学相关课程。此外，这一时期相关的学术专著也大量涌现，国际上一些对跨文化学有兴趣的学者纷纷组织相关国际研讨会，并创办了跨文化交际研究专业期刊，为该学科日后的系统化发展奠定了基础。

1966年，美国匹兹堡大学最先开设了跨文化交际的课程。20世纪70年代美国大约有200所学校开设了跨文化交际的课程。

20世纪70年代还成立了跨文化交际的专业协会。1970年国际传播协会成立了分支机构——跨文化交际学分会。第一个独立的专业协会"跨文化教育、培训与研究协会"（SIETAR）于1974年正式成立。第一届跨文化交际学国际研讨会于1972年在日本东京举行。

（二）跨文化交际学的理论基础

跨文化交际学是一个交叉性很强的学科，其主要理论是从其他学科借鉴而来的。根据哈特（Hart）的调查，对跨文化交际学影响最大的学科有人类学、心理学、语言学、社会学和传播学，如图 5-1-1 所示。

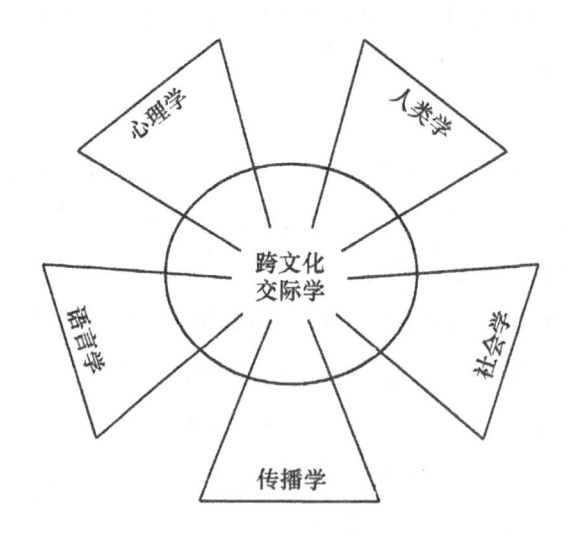

图 5-1-1　跨文化交际学

1. 人类学

可以说，跨文化交际学是建立在人类学研究成果基础上的学科，因此人类学对跨文化交际学的影响最为深远。人类学对跨文化交际学的贡献主要表现在以下三个方面。

（1）文化的定义

跨文化交际学的学科定义是参照人类学相关理论确定的，从人类学视角来看，文化是某种意义的系统体现，也可被看作是特定人群生活方式的直观反映。这里所说的生活方式，并不仅限于客观的因素，而是更倾向于那些主观的因素，如价值观、态度、信仰、行为规范等。

（2）文化与语言的关系

人类学家认为语言影响了人们的思维和世界观。著名的"萨丕尔—沃尔夫假说"探讨的就是语言与文化的关系。

（3）文化相对主义的态度

人类学研究十分关注人类的原始文化，并试图从人类原始文化中挖掘人类的本质性特征。尽管无论历史怎样发展，人类的本质是始终不变的，但在当代科技社会背景下，原始的人类文化与现在有着相当的差别。对于文化差异，人类学采用的是文化相对主义的态度，强调文化不论大小或强弱，没有高低贵贱的区别。

2. 心理学

心理学对跨文化交际学的影响很大，许多著名的跨文化交际学者来自心理学领域，如布里斯林、特里亚迪斯、霍夫斯泰德等。对跨文化交际学贡献最大的心理学分支是跨文化心理学，它主要研究文化对人的行为的影响。跨文化心理学研究的问题主要包括两个方面。

（1）主观文化

由于价值观、态度、信仰、行为规范等是文化的主观成分，是跨文化交际的核心问题，因此其是跨文化心理学研究的重要范畴，其中价值观模式的研究对跨文化交际学有重要的意义。

（2）文化适应问题研究

这是跨文化心理学研究的重点课题之一，专门探讨文化适应的模式、过程、策略等问题以及"文化休克"现象等。

3. 语言学

语言学中，与跨文化交际学关系最密切的是社会语言学和语用学，这两个学科研究的问题都是如何使用语言，而在跨文化交际中，语言交际是最为重要的一部分，只有掌握社会交际语言的运用方法和原则，才能恰到好处地处理跨文化交际相关问题。其中海姆斯的交际能力理论、甘柏兹的互动社会语言学都强调语境对交际的影响，对跨文化语言交际的研究启发很大。语用学专门研究语言使用的规则，而语言的使用与文化的关系非常密切。布朗与莱温松的面子与礼貌策略的理论都涉及了不同的语言使用规则和原则。其中跨文化语用学更是直接研究与礼貌相关的言语行为在不同文化中的使用和习得情况。

4. 社会学

跨文化交际活动本质上是一种社会交际活动，因此社会学中的研究成果也能够在跨文化交际学中得到应用。跨文化交际学对社会身份、社会交往规范等往往十分关注，同时重视对社会心理等方面的研究。社会心理学探讨的社会团体的感知、刻板印象、偏见等，也都是跨文化交际学重点关注的问题。跨文化交际学的身份管理理论、身份协商理论、面子协商理论都是受到社会学理论的启发。

5. 传播学

跨文化交际学本身就具有传播学的性质，这主要是由该学科的应用范围决定的。从跨文化交际研究领域文献被引用的频率来看，传播学领域的学术成果被引用频率最高，这便说明这一学科的建设在相当程度上借鉴了传播学。此外，传播学在跨文化交际学中更倾向于对交际过程的研究，例如，语言交际和非语言交际的过程研究。

（三）跨文化交际学的主要内容

如果查阅当今有影响力的跨文化交际的教材和论著，不难发现跨文化交际学的主要内容和范围包括以下几个方面。

1. 文化与交际

文化与交际是该学科的基本概念。只有在明确文化和交际概念的基础上，才谈得上研究跨文化交际。跨文化交际的研究重点不是文化，而是多种不同文化之间的交际方式，其目的是通过文化理解和传播来推动交际行为，提高交际的成功率。跨文化交际领域的文化定义更侧重文化的主观因素、文化与交际的关系。

2. 价值观与文化模式

这是跨文化交际研究的核心问题之一，因为价值观是影响跨文化交际的最重要的文化因素。重要的价值观和文化模式理论有克鲁克汉与马斯多特贝克的价值取向理论、霍夫斯坦德的文化尺度理论、霍尔的高语境和低语境文化理论等，其中个体主义和集体主义文化尺度的理论被广泛应用于跨文化交际的文化差异比较研究中。

3. 语言交际

语言交际的研究是跨文化交际研究中最基础的内容，就语言交际方面而言，该学科所涉及的内容主要有文化与语言的关系、语义和语用的文化差异、英语教学、翻译等等。跨文化语言交际研究的内容是与汉语作为第二语言教学最相关的内容。

4. 非语言交际

在具体的跨文化交际活动中，非语言因素也会在相当程度上对交际的过程和结果产生重要影响，因此非语言交际也越来越受到相关学者的重视。非语言交际研究主要探讨肢体语言、时间观念、空间利用等方面的文化差异。非语言交际研究是早期跨文化交际研究的重要领域，霍尔的《无声的语言》就是研究非语言交际的经典之作。

5. 文化身份认同

在人类社会中，每个人都有自己的文化身份观念，而文化身份的认同则是衡量一个人在国际社会中所扮演角色的重要依据，也是跨文化交际活动中不可忽视的重要因素。文化身份主要研究人的各种社会身份，如种族身份、性别身份、年龄身份、地域身份、国家身份等是如何参与跨文化交际的。关于文化身份认同的研究在跨文化交际领域中出现相对较晚，但近年来这一问题已经得到了广大学者的广泛重视，并成为当代跨文化交际研究的重要问题。

6. 文化适应

文化适应一直是跨文化交际研究的重点课题之一。文化适应的研究主要包括文化适应的过程和模式、"文化休克"的现象、成因和对策等问题。

7. 跨文化交际的心理因素

这部分内容主要探讨一些心理因素，如刻板印象、偏见等对跨文化交际的影响，以及如何克服刻板印象、偏见等。研究的目的是帮助学习者形成文化相对主义的态度和视角。

8. 不同领域的跨文化交际

随着全球化步伐的日益加快，现如今，各行各业都迈上了国际化发展的道路，因此，几乎在所有领域中都会或多或少涉及跨文化交际的内容。但从整体上看，主要有教育、商务、医疗等领域涉及跨文化交际最为广泛。具体而言，教育领域的跨文化交际研究主要讨论学习方式和动机、师生关系、课堂行为等方面的文化差异；商务领域的跨文化交际研究主要讨论商务礼仪、谈判方式、领导风格等方面的文化差异。其中教育领域中的跨文化交际是与汉语作为第二语言教学密切相关的内容。

9. 跨文化交际能力

跨文化交际能力这一问题通常具有较强的个体性，一个人跨文化交际能力的强弱不仅取决于本人的文化修养、语言应用能力，还在一定程度上取决于个人的智商、情商、应变能力、综合心理素质、个人价值观念、意志力等多种因素。随着跨文化交流的需要日渐增多，许多高校都希望培养出符合当代社会发展需求的新时期跨文化交际人才，而这就要求相关学者不断积累跨文化交际的经验，努力总结提高跨文化交际能力的策略。

四、高校推行英语跨文化教学的重要性

（一）有利于提高学生的学习质量

对于普通高校非英语专业的学生而言，英语是一门较为困难的学科。这不仅是因为这些学生没有足够多的时间进行英语的学习，更是因为这些学生缺少良好的语言学习环境，他们的英语听力和口语表达能力都相对较差，所学的知识只能够应付考试，却无法真正在现实生活中进行应用。高等院校英语教师在教学的过程中对学生进行中西方社会环境、价值观念、生活习惯等方面的讲解，有助于激发学生对于英语学习的积极性，减少学生由于学习压力过重而造成的消极情绪，有利于培养学生的跨文化学习思想，从而提高学生的英语学习质量。

（二）有利于培养学生的跨文化能力

随着我国跻身世界强国行列，我国已经从各方各面参与到国际事务当中，这就为我国跨文化交际学科的发展提出了更高的要求。高校是进行英语教学的重要场所，对于高校而言，如何在英语教学的过程中培养学生的跨文化交际能力，提升学生对西方文化的理解能力，是当代高校英语教师不可忽视的问题。

（三）有利于培养学生的跨文化意识

随着我国社会的快速发展，跨国际交流已经成为未来发展的趋势之一，培养学生的跨文化交际能力成为高等院校教学的重点。高等院校英语教师在英语教学的过程中对学生进行中西文化差异的讲解，可以帮助学生理解中西方在价值观念、风俗习惯、生活方式、交流方式等方面的不同之处，有意识地对学生的跨文化意识进行培养，加深学生对于西方国家文化的了解程度，从而不断提高学生的英语运用能力，为国家和社会培养复合型语言人才。

（四）有利于激发学生的民族认同感

随着国际交流的日益频繁，人们发现民族文化和民族精神的彰显在当代具有十分重要的作用。民族精神是支持一个国家不断发展的重要力量，是维护国家安

定、不断提升国家凝聚力的不可或缺的因素。在当代高校英语教学中，教师有必要有意识地培养学生的民族自信心，在英语教学中融入中华民族优秀传统文化教学和思想政治教学。例如，通过国家历史介绍等方式，让学生学会如何用英语来描述自己国家和民族的历史，让学生知道本民族非遗文化的英语表述方法等等。在这一过程中，学生不仅对本民族文化有了更为深刻的了解，还能够体会到本民族文化与西方文化之间的差异，为学生日后开展跨文化交际相关工作奠定文化基础。

第二节 国际化视角下的高校跨文化思想政治教育

伴随经济全球化、信息全球化、文化多样化趋势的不断增强，人类的社会行为已经不再局限于某一地区、某一国家或民族，而是逐渐表现出全人类共同参与、共同互动的特点。在这种时代背景下，高校的教育也展现出国际化趋势。事实上，高校作为人类文明成果高度集中和发达的圣地，对推动当代国际文化交流与沟通起到了不可忽视的作用。高等教育是推动人类文化传承与创新的中坚力量，在国际化视野下，高校有必要落实跨文化思想政治教育，为我国培养适应国际化发展浪潮的新时代青年。

一、高等教育国际化与大学生跨文化思想政治教育

（一）高等教育国际化

联合国教科文组织（UNESCO）所属的国际大学联合会（IAU）对高等教育国际化的定义是"把跨国界和跨文化的观点和氛围与大学的教学、科研和社会服务等主要功能相结合的过程"。

当前，我国的高等教育国际化，一方面是学习国外先进的办学理念和制度设计，提高自身办学水平，培养世界所需的国际化人才，这主要表现在高等教育理念的国际化，课程设置与教学内容、师资队伍的国际化；另一方面，随着文化的传承与创新，它已经成为高校的新贡献。中国高等教育的国际化也已经成为一个对自身文化创新的过程，其能够消化和融合世界先进文化，在多元思想

的交流和碰撞中形成新的平衡，这些表现在生源、学生文化背景和校园文化的多样性方面。

（二）大学生跨文化思想政治教育

1992 年，联合国教科文组织在《教育对文化发展的贡献》这一国际文件中明确指出，跨文化是"关于不同文化的知识和理解，以及在一国内部各种文化成分之间和世界各国不同文化之间建立积极的交流与相互充实的关系"。在田雨的《浅析在英语专业学生中开展跨文化思想政治教育》和张荣华、高扬的《跨文化视野下大学生思想政治教育的论域》中，明确出现了"大学生跨文化思想政治教育"的提法，但并未对这一概念进行阐释。在参考联合国组织对"跨文化"的界定后，可进一步对高校跨文化教育思想进行解释，即高校教师通过特定的思想价值、政治观念、技术伦理和道德规范等方面的教育活动，培养学生理解和接受多元文化的意思，帮助学生以开放包容的心态来消除对其他文化的误解，并培养学生在具体的交际实践中，通过个人行为消除文化冲突的能力。只有当学生具备以上所述能力后，学生们才能在具体的生活、工作实践中，为构建和谐社会、推动世界和平作出真实贡献。

二、大学生跨文化思想政治教育的现实意义

（一）化解高校思想政治教育跨文化风险的内在需求

大学生是社会主义文化的承载者和传播者，也是汲取世界文化的"神经末梢"。一方面，国际化带来的跨文化情境在改变文化边界、助长文化空间、促进文化融合的同时，也通过虚假制度伦理的扶持，制造了文化逐利的现实，解构了社会的价值内核，形成一种同质扩张的思想环境。这种环境强烈地影响着大学生的认知习惯与价值体验，导致部分学生在文化碰撞和文化选择中陷入道德和价值观迷失的泥潭。另一方面，随着信息技术的发展和各种媒体平台的建立，现如今，中国的学生能够通过各种便捷的渠道来了解西方文化。科技的发展为文化的传播创造了更好的条件，但在这一过程中，西方社会中流行的"拜金主义""享乐主义"思想也涌入我国，给我国社会文化的发展造成了不小的负面影响。在网络文化管控不严格的当下，各种大众低俗文化、功利性文化通过网络环境大范围流传，严

重影响当代青年思想的健康发展,高校思想政治教育的主旋律受到干扰。要化解高校思想政治教育的跨文化风险,消除预期目标和客观环境错位的矛盾,就必须通过大学生跨文化思想政治教育的具体实践来解决大学生的"文化价值观"和"文化信仰"问题。

(二)顺应新时期下国际化人才培养目标的具体体现

《国家中长期教育改革和发展规划纲要(2010—2020年)》指出,要适应国家经济社会对外开放的要求,培养大批具有国际视野、通晓国际规则、能够参与国际事务和国际竞争的国际化人才。在高校中展开跨文化思想政治教育,能够为学生搭建一个国际化的学习平台,拓宽学生的文化视野。在具体的教学过程中,学生能够逐渐摆脱狭隘思想的束缚,并建立起正确的政治观、价值观和道德观。通过广泛学习中西方文化,能够对各种文化做出恰当的评价。只有在这种情况下,学生才能明白如何在当代通过自己的努力来推动我国文化的创新发展。从这个意义上说,开展大学生跨文化思想政治教育是顺应国际化人才培养目标的具体体现。

三、大学生跨文化思想政治教育的路径选择

(一)强化大学生跨文化思想政治教育

一是要不断研究思想政治教育学科发展的时空境遇,正确认识和处理思想观念里的为我性和排他性,为大学生跨文化思想政治教育提供坚实的学科基础。

二是通过学习借鉴和自主创新,尽快形成符合我国国情和大学生实际的跨文化思想政治教育理论体系和研究方法,尤其要注意理论体系的明晰性和可操作性,注重研究方法的实用性和实效性。

三是要构建我国大学生跨文化思想政治教育的指导纲要,使教育过程有纲可循,按照熟悉了解中外文化知识、深入理解中外文化内涵、正确看待中外文化差异、理性应对中外文化冲突的层次逐步推进,从根本上改变当前跨文化思想政治教育以单一灌输英美文化为主要内容的错误倾向,改善跨文化思想政治教育实践中自我文化意识薄弱的现状。

（二）启发大学生对中外文化差异的深入理解

第一，我们要加强传统的"两课"建设，解答好大学生跨文化思想政治教育的基本方向性问题。在高校中进行政治理论课和思想道德课程的教学，根本目的在于推行马克思主义理论教育和思想品德教育。只有学生接受了这样的教育，才能够真正理解社会主义核心价值观念，他们才能真正打心底认同社会主义先进文化。要将跨文化思想政治教育的新理论、新成果及时充实到"两课"教材中来，切实回答好诸如什么是社会主义先进文化、如何繁荣社会主义先进文化等大学生普遍遇到的具有时代特征的问题，培养大学生在文化理解中的"中国情怀"。第二，高校应该切实抓好大学英语的课堂教学。语言是文化的有机载体，大学英语是大学生在校期间的语言公共必修课，授课对象涉及面广，现代大学英语教学已经纳入了许多跨文化教育元素，如地域文化教育、民族文化教育、异国文化教育等内容，大大拓宽了大学生跨文化思想政治教育的渠道，有利于培养大学生在文化理解中的"世界眼光"。

（三）增加大学生对世界多元文化的深度体验

高校是多元文化融合发展的重要阵地，在当代高校中，各个学科、各个专业的高端人才汇聚一堂，共同为推动祖国文化发展和全人类文明进步贡献力量。因此，在高校当中，教师有必要有意识地为学生营造一个丰富、多元、开放的文化学习环境，帮助学生建立起"国际化"思维，增加大学生对世界多元文化的深度体验，有利于与日常课堂教学形成良好的跨文化思想政治教育"协同"效应。

一是要推动校园文化价值观念的互补，不断优化高校自身的文化系统。手机、微信、微博、论坛逐渐成为新的校园文化传播载体，以动漫协会、街舞协会为代表的新兴社团文化，以满足大学生自我实现需要的创新创业文化和以追求自我个性为主流的网络文化逐渐成为高校校园文化新的表现形式。在校园文化的不断嬗变中，我们要努力挖掘这些新兴校园文化中的共性元素，加强校园文化主导价值观念的凝聚力。

二是促进校园文化活动的互动，在活动过程中体现"跨文化思维"。近年来，国内高校范围内的模拟联合国大会、模拟 APEC 大会等活动蓬勃开展，大学生们在活动中模拟各国领导人出席大会，结合所代表国家的文化背景，围绕政治议题和经济议题展开演讲、磋商与合作,在这样一次次的实践中,"跨文化体验"成为大学生们一种常态的学习方式。

(四)促进大学生跨文化综合能力的全面提升

一方面,高校可以利用网络平台的虚拟性、交互性和开放性搭建大学生触手可及的跨文化环境,强化学生的文化敏感性,培养学生自主发现和灵活处理文化冲突的能力,促进大学生跨文化交流能力的全面提升。

另一方面,高校应当将发展重点放在建设大学生思想政治教育特色基地上,大力开发第二课堂,使第二课堂的实体教育平台发挥文化育人的作用。要实现这一点,可以从以下几点入手:一是高校应当成立专项小组和办公室,大力发展高校内部的思想政治教育工作。具体的工作安排应当做到涉及范围广泛,例如,在学校网站中进行思想政治教育特色建设;开设专版传播中外特色文化,引入优秀流行文化;设立中外文化互动专栏,吸引中外不同文化背景的师生进行网络互动,在思想的交流和碰撞中,形成理性的文化观。二是要积极开发跨文化思想政治教育网络精品课程,通过在课程中融入在线视频、原版电影片段等,合理展现中外文化冲突,有限度地激活大学生跨文化交流相关知识的网络输出。三是选择适宜的文化交流实例进入网络课堂,营造大学生跨文化交流仿真环境,帮助大学生形成自主自省的跨文化交流技能学习习惯。

第三节 跨文化英语教学理论及思政教育体系构建

一、高校思想政治教育的中国文化语境

(一)文化自觉的中国语境与实践隐喻

1.马克思、恩格斯经典文化观

如果单单从文献记载来看,马克思、恩格斯的著作中几乎没有直接探讨文化内涵、文化本质、文化结构、文化发展等方面的内容。但这并不代表马克思、恩格斯的研究中不涉及人类文明发展和社会文化演变等相关问题。事实上,这些内

容都隐藏在文章当中，通过对特定历史时期的社会事件进行分析，我们便可从中窥探到这一时期的社会文化样貌。在马克思的思想中，文化作为人的本质规定是与人的自由自觉的对象化实践活动本质联系在一起的，"思想、观念、意识的生产最初是直接与人们的物质活动，与人们的物质交往，与现实生活的语言交织在一起的。人们的想象、思维、精神交往在这里还是人们物质行动的直接产物。表现在某一民族的政治、法律、道德、宗教、形而上学等语言中的精神生产也是这样。"① 在马克思的关于人的物质活动、现实生活、生产劳动为基础的历史观表述中，可以清晰地看到一切现实的文化活动、精神生产是由人的现实物质生产决定的。围绕现实的人展开的人类文化历史是以人的实践为基础的，实践决定人的思维及由此形成的思想、观念的现实性和力量，在《关于费尔巴哈的提纲》中，马克思指出，人的思维是否具有客观的真理性，这不是一个理论的问题，而是一个实践的问题。人只有通过反复实践，才能证明自己的思维方式的正确性，并从实践中体会到自己思维的现实性以及自己的思维能够对客观存在的世界产生的影响。就以往的研究而言，关于离开实践的思维的现实性或非现实性的争论，是一个纯粹经院哲学的问题。通过阅读马克思的著作，能够真切地感受到，人的实践活动会在相当程度上对人的精神状态产生影响。在研究一些理论性问题时，也需要通过实践来对研究者的思维活动是否正确进行考察，并通过实践来诠释人类的社会性特征。

2. 中国文化自觉及实践语境

中国文化自觉之路是建立在马克思主义中国化的基础上的，因此马克思主义中国化就是当代中国文化发展的基本实践语境，是发展新时期中国特色社会主义事业的基本背景。随着中华人民共和国成立，已开始逐渐转向以国家建设和发展为主题的实践语境，但经典马克思主义只是在理论上展现了新国家建设的实践语境，缺少直接的实践经验，在建设理论中也渗透着革命元素，邓小平讲"改革也是一场革命"。所以，从这一时期的社会状态来看，革命文化与国家建设文化是相互交织的，这也成为这一时期中国文化发展的基本实践语境。1978年的社会主义改革是自觉围绕"现代性"文化选择了改革的实践语境，以进行社会主义自身一场新的现代文化转型为自觉追求，启动了中国特色社会主义的文化自觉意义上

---

① 李立纲. 马克思恩格斯人类学编年史[M]. 昆明：云南民族出版社，2009.

的实践语境。如果将其投射在思想观念层面上，则表现为由经典社会主义文化样态到特色社会主义的文化自觉的转型，这不仅是思想文化的发展，更是思维方式的超越。在这一过程中，最值得一提的是以社会主义核心价值观为主导开展中国特色社会主义的文化建设，这是中国文化面向现代化、面向世界、面向未来的自觉的实践语境：一方面，社会主义核心价值观是自觉的实践过程，实现人们在实践活动中的共同价值引领、共同价值目标、共同价值操守；另一方面，也是以社会主义核心价值观为文化语境进行国民教育、开展对外交流、实施以体现中国精神的文化因素渗透在人们日常生活中。

3. 文化自觉的中国语境

从中国近现代开始的对马克思主义中国化进行持续而有意识的探索，并不断推进中国特色社会主义实践中作出文化选择与自觉，最终诞生了中国语境。自俄国十月革命之后，中国首次接触到马克思主义，并在之后将其作为指导思想开始进行中国传统文化的现代化并积极学习西方先进的经验，经过艰苦卓绝的努力，最终将实现现代化并凸显出自身优越性。

（二）高校思想政治教育的文化自觉语境

在理性重构的文化总体性关照下的高校思想政治教育应该"文化"自觉，其视域的综合与拓展，是文化的总体性理念奠定的理性基础和价值原则，消解自身门类文化的经验视界，沟通对大文化世界的整体理解框架，使高校思想政治教育创新奠定在社会文化理想的基本追求之中，从而实现文化关照下的理性自觉。对这一问题加以探讨，不仅有助于理解社会文化背景下的价值和要求，更有助于推进学科的研究拓展。如果将文化自觉看做是高校思想政治教育在现实意义上的学理视界，其理性逻辑结构由有以下四个方面组成。

1. 思想逻辑：主导文化的融通性自觉

目前，中国的主导文化就是以社会主义核心价值体系为彰显的时代精神。因此，以反映、宣解、论证和传导时代精神为主旨的高校思想政治教育必然要接通社会现实、融进时代精神、呈现主导文化和核心价值。其思想逻辑必然是与主导文化融通的：无论是教育内容、方法载体，还是价值取向、目标设定都要自觉实现社会主义核心价值体系。就其现实性而言，要实现三个自觉：一是在理论上，要自觉实现与中国特色社会主义理论体系的融通,坚持马克思主义理论指导。二是在实践上,要自觉实现与中国特色社会主义现代化建设的融通,坚持中国社会主义道路。三是在创新上,要自觉实现与中国社会主义核心价值体系的融通,坚持中国社会主义的价值取向和文化追求。只有如此,才能在教育过程中帮助大学生形成知识及透过知识对自然、历史、社会等整个世界的科学的价值评价能力,同时也是促进实践的能力、批判的能力和创新的能力,综合起来就是思想的能力,才有可能把科学的世界观、历史观、人生观和价值观转化为大学生个体的素质,才有可能使我们的教育真正落到实处。

2. 历史逻辑:传统文化的反思性自觉

在人类社会当中,任何一种思想观念或理论都是建立在历史的基础上,并将现实的情况进行了结合。如果说思想和理论是对现实的反映和超越式表达,是透过接通人类生活实践而折射出时代精神的精华,那么现实则是历史的聚集,而历史则是现实的创造进化。理论是历史创造活动的回忆和凝结,而现实作为存放历史的空间是历史的聚集,理论与现实在历史性中实现了统一。

在高校中推行思想政治教育,必须以"思想性的历史"和"历史性的思想"为踏脚石,而在具体的教育过程中,则要兼顾对学生人生观、世界观、历史观、价值观等多方面的教育。在这一过程中,教育者必须把握好历史的支点,即两个方面的问题:一是中国问题方位,另一个是文化传统方位。很明显,内在的历史逻辑指引我们对传统民族文化的传承与发扬,要求我们坚持走文化自觉之路。那么在具体的教学过程中,我们有必要构建起完整的文化传统继承和发扬的思维体系,并自觉地发现其历史的合理性和现实的超越性。

3. 发展逻辑:创新文化的实践性自觉

和平与发展的时代主题要求我们以包容的心态来审视多元文化,更要求我们尊重民族传统、继承和发扬中华民族优秀的传统文化,同时也要求我们基于现实,通过创新来满足当代人的文化需求。文化的发展与国家的发展是同步进行的,因此高校的思想政治教育也是在国家不断发展、不断进步的过程中逐渐成长起来的。这是由它的四个内在理性规定的。

一是思想理性。马克思主义理论与思想品德教育的灵魂是时代精神,与时俱进是其思想品质,发展则是永恒的主题。而体现马克思主义理论与思想品德教育的发展要义就是以实践为基础的不断创新,它在本质上展开了该理论及时代思想的精神真谛和文化创造力,这是一种内涵特质的自觉显现。

二是视域理性。高校思想政治教育的视域是以世界为原点的辩证理性。从这一理性思想中,我们能看出时代的需求,并能够看到辩证的思维拓展以及开阔的眼界。在这种视域理性的指导下,高校的思想政治教育必然会对当下社会现状进行总结,并从丰富多彩的社会生活中提炼出独具时代特色的文化与精神文明,并以此为养分,对学生的人格进行完善,使学生的文化思维得到提升,人格与意志得到锻炼。发展既是自身的文化自觉,又是社会文化发展的价值导引。

三是历史理性。高校思想政治教育所彰显的思想无论是"历史性的思想",还是"思想性的历史"都是在激活理论资源的基础上透过文化现象中的人类文明的"精髓"而获得的一种面向未来的存在。这是一种带有目的性、主体性、批判性、现实性、实践性为特质的反思性自觉发展。

四是矛盾理性。矛盾理性决定了高校思想政治教育内蕴着诸多的矛盾关系,如:历史与现实、传承与创新、坚持与发展、继承与创建、内化与外化、主体与客体、主动与受动、灌输与启迪等一系列既对立又相互依存、相互制约的方面。对于高校而言。思想政治教育的实践与发展过程本质上就是矛盾的生成和解决的过程。一直以来,思想政治教育中都存在许多矛盾,这些矛盾在具体的教学实践中往往会得到明显的体现,而教育工作者的工作之一,就是不断发现这些矛盾,并想方设法予以解决。奠定在发展规定上的高校思想政治教育实施过程的基本逻辑结构应是:既要追求理想实现发展,又要扎根于现实的环境和条件;既要有符合人全面发展的价值追求,又要有符合社会文化自觉要求的工具理性;既要有对客观规律的深刻理解和把握,又要有能够实现创造性的规划、方法、手段和途径;既要揭示理论的精髓与时代精神的精华,又要能够诠释其蕴含其中的深厚的人文精神。

自改革开放以来,我国在各行各业都十分注重创新与发展,可以说,创新发展是这一时期的时代主题,也是引导高校教育发展的基本主题思想。尽管我国高校的思想政治教育已经取得了一系列的成果,并逐渐开始向各个具体的学科渗透,但我们依然面临着许多问题。例如,如何在面对重大问题时,对问题产生更加深刻的认识,并在解决这些问题的过程中,将创新的价值诉求贯彻始终,进而使事件的发展与当代中国社会发展相适应，与高校学生个性发展相适应。这些都是我们在遇到真实存在的问题后不得不努力思索的。在当代中国，离开社会波澜壮阔的改革实践，离开文化深刻精到的思想原则，离开生活丰富多彩的智慧资源来谈论发展都是不实际的。这就决定了遵循创新文化必须自觉地循着它自身客观的时代逻辑线路，才能破茧向前，从而在研究中自觉地充当时代思想原则、民族文化精神、核心价值体系的践行者，为大学生认识时代的根本问题、把握时代的根本矛盾、形成时代的核心价值提供正确的理论指导、方法原则和辩证智慧，从而实现学科新的发展。

综上所述，对重要的理论进行反复研究，并在具体的实践过程中进行运用，是促进我们不断深入认识问题、理解问题的前提条件，也是培养学生践行社会主义科学价值观、推动会社会主义文化建设的重要保障。只有高校教育工作者能够将培养学生思想政治素养作为自己的工作使命，这样的教学才可能真正落到实处，学生才可能通过学习，真正有所收获。

二、英语教学中跨文化思想政治教育体系构建

教育的对象是人，教育的目的是传播文化，而教育活动本质上也属于人类社会中的一种文化行为。思想政治教育作为文化现象的一部分，源于人类的社会实践活动，同时也是人类社会文化传播的重要手段。在任何时代，思想政治的教育都是依附于特定的社会文化背景的，这一点在各个国家的思想政治教育中都能得到体现。随着全球化的进一步发展，人类的命运已经被一张无形的网络紧紧地连接在一起，这就要求各国的思想政治教育必须引入世界观、全球观、多元文化观的理论。

英语专业学生置身于中国传统历史文化"我者"文化的同时，又在不断进行以英语语言为载体的"他者"文化的输入，对跨文化冲突与融合的感受最为直接。在高校英语专业学生中进行跨文化思想政治教育，因受教育对象自身特点和特殊性及思想政治教育在跨文化背景下的衍变，呈现出复杂性。

（一）边界与层次：跨文化思想政治教育的内涵

一直以来，许多致力于思想政治教育的学者都认为思想政治的教育必定要建

立在特定的社会文化背景之上。因此，在进行思想政治教育的过程中，一定要结合不同国家、地区、民族的文化历史和社会发展现状，对当代的传统文化和时代背景有正确的了解，才能将思想政治教育以恰当的方式进行推行。跨文化思想政治教育的提法在国内首次出现在"英语专业学生中开展跨文化思想政治教育"的研究中，国内目前的研究主要集中在跨文化环境对思想政治教育带来的挑战、跨文化教育与思想政治教育的关联、如何在思想政治教育中融入跨文化教育实践等。本书认为，就我国大学生的思想政治教育工作而言，跨文化思想政治教育是在不同思想对话与文化共存关系的跨文化背景下，培育大学生的社会主义核心价值观和理想观念，对中国传统文化具有文化自觉和文化自信，对多种价值观念和他者文化持包容精神和批判性接受态度，注重培养学生的职业及社会责任感、实践能力以及创新精神。

（二）普遍与特殊：教育对象类型分析

1. 英语语言环境特性

在高校英语的教学中，我们既要认识到英语教学的特殊性，也要认识到高校教育的普遍性。对于高校学生而言，他们首先必须掌握英语学习的普遍性规律。语言学习的过程中一定会受到目标语言文化的影响，这种文化本身是较为广泛的，不仅包括了文化意识，还包括了政治制度、人生观、价值观、历史观、宗教信仰等多种方面。只有当学生对英语文化具有浓厚兴趣时，他们才会积极主动地进行学习。

2. 基本原则

要实现全人教育的理想，实现跨文化思想政治教育，必须将人文素质教育和专业教育相结合。

（1）构建起以中华民族优秀传统文化为核心的人文素养培养模式，并建立与之对应的课程体系。在这一培养模式和课程体系当中，学生会在潜移默化中接受人文文化观念的熏陶，并逐渐提升自己的个人核心素养，从而实现个人综合能力的提升，并树立文化自信。应在高校英语人才培养目标、课程设置等顶层设计中加大人文教育的比重，因为高校英语人才不仅需要掌握胜任未来工作的语言能力、职业技能和职业素养，还需在对外交往和跨文化交流中保持文化主体性和本土文化认同，传播中国文化，而其前提是具有文化自觉性。在课程体系架构上，要推敲开设的人文课程与英语语言课程的关联性，增加以中国传统文化双语课程为核心的必修课程，以中西方文化对比类、历史文学类、政治法律与社会类、艺术设计类等选修课为补充。对英语专业学生来说，在跨文化背景下，中国传统文化课程可以让学生保持文化理性和批判精神，而不是对西方文化全盘接受。

（2）与高校英语人才培养目标和岗位需求接轨，进行专业教育。高校的英语教学还必须注重专业性的发挥。这一点对那些以英语为专业的学生而言尤为重要。这就要求学校必须时刻把握社会发展的动向，及时了解社会就业需求，为社会不断输入专业能力强、人品道德优秀、具有良好职业精神的青年人才。在英语课程教学中要培养学生跨文化交际能力和跨文化思维，进行职业技能和职业精神融合，同时兼顾人文精神。对英语语言基础课程来说，可以挖掘教材相关内容的文化背景来开展人文通识教育，而对于英语专业核心技能课程来说，要结合职业能力的培养，巧妙融合文化素养教育。

3.路径及方法：主导性和自构性结合

（1）学校主导、多主体参与的育人模式

在高校中，思想政治教育的基本模式一般是由学校主导、多主体共同参与的模式。其中的教学主体主要包括学校各级管理部门、各级学院、辅导员和各科教师。尽管一直以来，高校都要求全体教职工将思想政治教育融入自己的日常教学和工作当中，但教师们往往各自为战，并没有形成育人合力。因此，在新时期的高校教育中，相关部门有必要重视思想政治教育合力的培养，要根据学生特点来制定分工合作、职责分明的整体规划方案，各主体进行内部沟通交流，资源共享，形成全员协同育人体系。各育人主体之间要用一致的知识、能力和价值目标来展开育人工作，同向同行，围绕着培养什么样的高校英语人才来进行知识传授、能力培养和价值引领。比如"美国大选"这个话题在思想政治理论课、英语语言课程中经常出现，学校也会有学生会换届选举或者辅导员组织的班委选举活动，政治理论课教师、校团委、辅导员、英语教师可以在选举权等概念上进行统一的知识传授，不致学生产生困惑。学校可以创建协同育人平台，使多元育人主体有机会共同参与到同一个思想政治教育活动中来。每个教师都要"守好一段渠，种好责任田",在树立"大思政"观的同时,对课程思政和思政课程既要分工合作,又要有所侧重。

随着国家对高校毕业生就业问题的重视度日益提升,在国家职业改革实施方案"双元育人"的基本前提下,高校的思想政治教育也应当做出改变。例如,如何促进产教融合、将校企合作育人的作用进行最大限度的发展等,都是促进当代高校思想道德教育的重要措施。英语专业学生如何能在企业实践中体会到思想道德素质和职业道德关系到择业、就业的成败;中西方文化素养关系到能否胜任外贸业务员或者国际导游的工作,就会对学校的思想政治教育产生极大热情。如果在技能实训时实现了思政实训,就会实现学生职业技能与职业精神的高度融合,实现学生对专业认知和个人认知的升华。

（2）通过思想政治实践及借助新媒体手段实现思想政治教育目标

目前高校思想政治教育采取的方式有基于文本和网络资源的政治规训榜样示范等方式,依赖说服、灌输、讲解的方式,把思想政治教育变成了思想政治规训,学生变成了被动的接受对象。

事实上,在高校思想政治教育中,只有真正发挥学生的自我教育、自我发展的主体作用,才能最大限度提升学生的学习成果。这事实上是要求在教学过程中恢复思想政治教育中人的自然本性和理性价值。为了进一步促进高校英语教学的跨文化思想政治教育,摒弃传统教学模式之弊端,就必须要将多元的、具有时代气息的教育元素融入其中。例如,高校应当广泛开展各种英语课外活动,在丰富学生业余学习生活的同时,最大限度发挥环境育人的作用。

总的来说,高校思想政治教育工作的推行关系到培养怎样的人、如何培养人、由谁来培养这几个基本问题。在回答这些问题的同时,我们必须要始终坚持马克思基本理论和社会主义核心价值观念,并注重挖掘本土文化传统,将民族历史积淀以新时代独有的表现形式展现出来。高校英语跨文化思想政治教育就是要把跨文化能力提升与思想引领结合起来,把思想政治教育与弘扬传统文化结合起来,把人文素质培养与职业素质培养结合起来,在跨文化背景下用世界语言讲好中国故事,具有国际视野、文化自觉和批判意识,守住思想阵地,成为政治素质过硬、职业素养良好的国际化专业人才,为我国社会主义建设和文化崛起服务。

第四节 渗透式跨文化交际的能力培养

一、跨文化交际能力

（一）跨文化交际能力的定义

陈国明提出，跨文化交际能力是在交际能力的基础上对交际能力的扩展。陈国明认为二者唯一的区别在于，跨文化交际能力特别强调情景脉络的重要性，即重视人与人之间互动的有效性和适当性、注意人与沟通环境之间的互动与双方的文化认同。迈耶（Meyer）将跨文化能力定义为：当面对来自其他文化的行为、态度和期望时，能够灵活地恰当应对的能力。多德（Dodd）认为，跨文化交际能力是指在跨文化语境中能产生有效跨文化结果的能力。概括而言，跨文化交际能力指的是进行成功的跨文化交际所需要的能力和素质。

（二）跨文化交际能力分析

1.跨文化交际能力的内涵

在跨文化交际学中，语言的学习和研究是最为基础的一部分。只有在完全掌握语言使用的情况下，才能够顺利地开展跨文化交际活动。而对语言能力的研究和培养则是提升学生跨文化交际能力的重要环节。

（1）语言能力

语言能力是一种内化了的语言规则体系，包括语音、词汇、语法等，是人们所具有的语言知识。乔姆斯基的语言能力是基于对"理想的说话人"在"完全同类的言语群体"中的言语行为进行的研究，其"语言能力"包括语言知识和规则及语言的基本技能，他所认为的语言能力是人类先天就具有的内在心理机制。

就语言的结构和使用规则而言，在我国的英语教学中一直以来都是学者的研究重点，因此以往的研究成果也对今天的英语教学产生了极大的影响。但现如今，这种教育模式也体现出一个问题：此种语言理论只涉及语言系统本身或内部的内容，解决的只是语言形式问题，而未能解决语言的本质，即社会交际功能的问题。

（2）交际能力

《朗文语言教学及应用语言学辞典》对交际能力进行了解释："交际能力指不仅能使用语法规则来组成语法正确的句子，而且知道何时何地向何人使用这些句子的能力。"交际能力包括如下。

①语言的词汇及语法知识。

②说话规则，如知道如何开始并结束谈话，不同言语活动中谈什么话题，不同场合对不同的人用什么称谓形式。

③掌握如何使用不同的言语行为，如请求、道歉、致谢和邀请，并对其做出反应。

④学会如何恰当地使用语言。语言的艺术性体现在，人们只有在针对某件事找到最恰当的表述方法时，语言的作用才会得到最大化。因此仅仅学会如何用英语进行描述是不够的，还必须清楚在不同人际关系、不同环境背景下如何进行最恰当的表达。

交际能力这一概念是由美国社会语言学家戴尔·海姆斯于1972年首先提出的。他把"交际能力"概括为语言知识和对语言知识运用的能力。他曾经很直观地把交际能力说成是"在恰当的时候，在恰当的地方，用恰当的方式对人说恰当的话语"。在他看来，如果没有语言使用规则，语法规则就毫无用处。例如，人们知道情态动词"would"的使用规则，但不知道在社会交际情境中好友之间提出请求时不使用"would"要比使用"would"更加亲切。

戴尔·海姆斯曾提出"文化干扰"理论，该理论对跨文化交际学的研究产生了不小的影响。这一理论的核心思想是，当个体与其他文化背景下的人进行交际时，个体自身的文化背景会在一定程度上干扰交际活动，其中就包括语言使用方面的干扰。例如，当一位中国同学吃过午餐在校园散步时遇到一位美国同学，中国同学就会很自然地跟他打招呼，并询问他"吃饭了没有？"但这位美国同学就会误以为中国同学希望邀请他一起吃午餐。这就是典型的文化干扰现象。戴尔·海姆斯交际能力观的核心是语言的得体性。按照海姆斯的交际能力理论，构成跨文化交际能力的要素是语言知识、社会语用知识以及交际技巧，没有涉及交际者情感方面的因素，如克服文化差异所带来的不良心理感受等；也没有涉及交际者对对方价值观、世界观等深层文化结构的理解。这不能不说是他的局限性。

美国社会语言学家拉波夫提出了一种与交际理论相关的会话风格理论。他从不同角度把社会语言因素引入语言交际的概念。

2. 跨文化交际能力的要素

（1）特定环境

一般来看，能力即指人的才能或是某种技巧行为。但我们对一个人能力的判断标准却并不是固定的。换言之，在一种环境下被认为是有能力的行为，当换一个环境后，则有可能不被看好。例如，在西方文化背景下，说话直来直去可能并没有什么不妥，甚至可能被认为是自信、能力出众的表现；而在崇尚用语委婉的中国，如果说话太过直来直去，则会留给人情商低的印象，是缺乏交际能力的表现。所以，任何能力都不能孤立地判断，而是应该放在一定的环境中。许多研究者曾经试图通过研究成功的跨文化交际者的性格特征来解释在跨文化交际中所需具备的素质，如开放度、宽容度等。或许某些性格特征会在特定情况下对跨文化交际有所帮助，但是没有一种性格能够使交际者在所有交际情景中都游刃有余。即便交际者具备有利于跨文化交际的性格特征，也必须在特定环境中来考查是否具备良好的跨文化交际能力。

（2）有效与得体

跨文化交际者的交际能力如何，在一定程度上体现为与其他文化成员进行交际的有效性与得体程度。所谓得体，即指能够恰到好处地使用语言，从而使自己与对方之间建立起预期的交际效果。而有效性则是指通过一系列的交际活动，能够达到最初欲达到的交际目的。交际者如果能达到交际目的，交际就基本成功了。但在达到目的的过程中，不同的人可能会运用不同的方式，有的得体，有的可能稍欠妥当。如果在达到有效目的的同时，又能够运用十分得体的方式，就是成功的交际。因此，一个具备良好交际能力的交际者既需要运用得体的方式进行交际，也需要达到交际的目的。

（3）知识、意识、技能

跨文化交际能力与交际能力的定义比较类似，但是跨文化交际能力除了强调交际的得体性和有效性以外，更强调交际者与所处文化环境的关系。与交际能力的定义相类似，跨文化交际能力的概念也历经了一些演变。文化教学的目的从最初的"熟悉外国文化"变成了"培养文化意识"，再到最后的"提高跨文化交际能力",这三个层次是依次递进的关系。"熟悉外国文化"主要是指有关文化知识的传授;"培养文化意识"建立在掌握一定文化知识的基础上,并且已经触及了对文化的观察力以及对待其他文化的态度;"提高跨文化交际能力"则是在具备"文化意识"以后,在实际交往中的行为与表现。这三个不同的层次正好对应了跨文化交际的三个方面:知识、技能、意识。

3. 跨文化交际能力模式

贾玉新作为我国知名学者,曾专门对西方学者跨文化交际能力模式进行了分析,并提出了自己的看法。在贾玉新看来,跨文化交际能力可进一步分为基本交际能力系统、情感与关系能力系统、情节能力系统和策略能力系统这四部分。其中,基本交际能力系统包括语言和非语言行为能力、文化能力、相互交往能力和认知能力;情感关系能力系统包括情感能力和关系能力两个方面;情感能力主要指移情能力,即认同和理解别人的处境、感情和动机;情节能力的概念是针对语言多义现象和语境之间的关系提出的,情节是某一特定文化环境中典型的交往序列定势,具体情节中有一套独特的言语和非言语规则;策略能力系统是指交际者因语言能力问题或语用能力问题没有达到交际目的而采取的补救措施或策略。贾玉新先生的跨文化交际能力模式没有简单地综述总结国外研究成果,而是重新组合,使之更加全面。①

文秋芳认为,英语学习的水平尽管会在相当程度上影响一位学生的跨文化交际能力,但二者之间存在着本质的区别。在她看来,英语的交际与母语交际是有所不同的,因为母语交际的前提是交际双方都处在相同的文化背景下,因此交际双方之间并不存在所谓的文化误解;而跨文化交际则是建立在交际双方存在文化背景差异的基础上的。因此,学生仅仅学会如何进行语言表达是远远不够的。只有当学生深刻地理解两种文化之间的异同,才能找到交际的切入点,并通过不断努力来取得良好的交际效果。②

胡文仲、高一虹指出,英语教学的目的可分三个层面:微观层面、中观层面和宏观层面。在微观层面,英语教学的目的是培养学生的"语言能力",包括语音、词汇、语法、篇章等语言知识和听、说、读、写、译等语言技能;在中观层

---

① 贾玉新. 跨文化交际理论探讨与实践 [M]. 上海:上海外语教育出版社,2012.
② 文秋芳. 英语学习策略实证研究 [M]. 西安:陕西师范大学出版社,2003.

面，英语教学的目的是培养学生的"交际能力"，主要是指语言交际能力的培养；在宏观层面，英语教学的目标是培养学生的"社会文化能力"，包括语言能力、语用能力和扬弃贯通能力，而扬弃贯通能力又包括了理解能力、评价能力和整合能力。①

胡文仲、高一虹认为，所谓理解，是认知和情感因素共同作用的结果，是学习与体悟共同作用的结果。一般我们讲的"跨文化意识"，即指对另一文化的理解能力。"评价能力"具体指的是对个体所接受的文化信息进行理性评判的能力。与此同时，个体本身的文化归属也可能因此而产生文化上的成见或误解，这一点个体本身通常会有着清晰的认识。"整合能力"使学习者能够将新的文化信息与已知的文化图式相结合，成为自己人格中的一个有机整体。如果将"文化"当成是某种意义上的人的"精神食粮"，那么就不妨把"理解"当成"摄取"，把"评价"当成"消化"，把"整合"当成"吸收"。"语言能力"基本上是一种"封闭能力"，可以达到"不可能学得更好"的顶点；"扬弃贯通能力"是典型的开放能力，由于文化本身是十分丰富的，并且文化本身就有着多解释性的特征，因此不同的人在面对相同文化时所产生的感触以及对文化的解读也会存在着一定的差异。对于高校学生而言，社会文化能力的三个部分是缺一不可的，只有学生同时具备这三方面能力时，他们才能游刃有余地展开社会交往活动。

从上述的分析可以看出贾玉新的跨文化交际能力模式包容万千；胡文仲、高一虹和文秋芳等为代表的中国学者从英语教学的角度出发对跨文化交际能力进行探讨，因而具有很强的针对性。文秋芳第一次明确区分交际能力和跨文化能力，是对以往交际能力模式的进一步补充和发展；胡文仲、高一虹的"社会文化能力"概念是一般意义上"跨文化交际能力"概念的扩展和深化，把外在的跨文化交际能力延伸至人们通过对母语文化和异文化的理解、评价和吸收而达到的内在人格的整合和完善。如果说传统的"跨文化交际能力"是"英语教学"的最终目标的话，那么，"社会文化能力"则是"英语教育"的最终目标，它将"跨文化交际能力"的提高与人的素质培养这一整体教育目标有机地结合起来。在这里，我们主要从高校英语教学的角度来对跨文化交际能力相关问题进行论述。

---

① 胡文仲，高一虹. 外语教学与文化 [M]. 长沙：湖南教育出版社，1997.

（三）影响跨文化交际的因素

布莱恩·斯比茨伯格和克拉姆西所描述的跨文化交际能力是指通过系统的英语和文化教学培养出来的理想化的跨文化交际者所具备的能力。但事实上，在全球化不断深入发展的当今世界，国际间交往的需求与日俱增，这使得全球范围内对跨文化交际相关人才的需求量日益增多。不少学者在现实生活中对英语学习者进行了观察以后发现，在跨文化语境中能与外国人进行无障碍交流的人很少，绝大部分人的交际有效性和适宜性受到多种文化因素的影响。

1. 语言的局限性

不同文化的人们之间进行交际的时候，首先遇到的问题就是语言中的文化障碍，尤其是双方不具有共同的语言的时候，语言中的文化障碍就变得非常明显。即便是互相具有共同的语言，双方文化不同，语言障碍仍然会在各个层面产生，这是由于词汇、发音、语义概念以及与语言相关的文化问题等多重因素造成的。

2. 思维方式差异

不同文化背景下的人们在思维方式上往往存在不同，这主要是受到文化环境形成过程的影响。例如，一个民族、一个国家的发展历史、生产劳作传统、文化艺术思想等方面，都是影响人们思维发展的重要因素。值得一提的是，在任何一个民族中，对语言的感知和理解能力都是人们认识世界、与世界沟通的重要手段。此外，语言的运用也能够体现出一个族群的思维方式。一些心理学家曾提出，人类的认识结构大致上是相同的，但不同的文化环境和用语习惯的差异，会导致人们的思维方式产生差异。

语言哲学家们对这个问题很感兴趣：一个群体的世界观和精神活动在多大程度上依赖于或受制于其语言？认为语言的确影响其使用者的思维过程的理论被称为语言相对论。有些学者提出，不同的人有不同的语言是因为他们有不同的思维方式，他们有不同的思维方式是因为他们的语言为之提供了不同的表达方式。象形文字是中国人形象思维突出的一个重要原因。汉字以形写意，形声一体，是平面文字。汉字很多字和字符的认知是由图像识别开始，以图像的感知为基础，之后发展到汉字字意的认知阶段。而像英语这样的音素文字，其符号与意义没有直接联系，它通过声音间接地表达意义。从语言的表达习惯看，汉语是缺少严格意义上的形态变化的无标记语言。汉语的词汇意蕴丰富，有时句法会给丰富的语义关系让步，主观性强。汉语不注重形式，句法结构不必完备，动词的作用没有英语动词那么突出，重意合，轻分析。对汉语句子的理解一般要靠对语言环境、说话人的心态以及文化背景等方面因素的整体把握和约定俗成，是"人治"。而英语形态较丰富、客观性强，这就使其语言有扎实的形式逻辑基础。英语高度形式化、逻辑化，句法结构严谨完备，是"法治"。通过研究英语的句子结构，不难发现，英语是以动词为核心的，且句子的主干旁支结构十分清晰，逻辑性较强。相比而言，中国的汉语则不十分注重句子的组合结构，且在实际运用过程中会受到汉字符号特性的影响，这就使得汉语的形象思维更为突出。这就是为什么中国人形象思维能力较强而西方人逻辑思维能力较强的原因之一。

3. 交际风格差异

交际风格是指人们在传递和接收信息时喜欢或习惯采用的方式。综合中外学者关于交际风格的研究，中美交际风格差异可概括为：直接与间接差异、线性与圆式差异、自信与谦卑差异、沉默寡言与侃侃而谈差异、详尽与简洁差异、人和任务为中心与关系和地位为中心差异。一般来说，中国人谈话时往往表现得非常谦卑，在谈到主题时经常是点到为止，简洁扼要；而美国人则崇尚自信，相信只有通过言语，进行详尽严密的交谈，才能达到交流和解决问题的目的。除此之外，美国人往往喜欢就事论事，且不会十分看重社会文化因素对社会交际关系的影响；而中国人则与之相反。中国人在做任何事时，都会先周全地对整个事件进行整体的考虑，并充分考虑到人际关系对事件发展走向的影响。所以，在中国传统文化视域下，进行人际交流的目的在于建立良好的人际关系。在这种思想指导下，人们进行日常交流的过程中也会十分注重人际关系的维护。事实上，就中国与美国而言，人们的交际风格存在相当大的差异，如果两国人民之间相互不了解对方的交际基本风格，则很难避免文化上的冲突。

4. 价值观差异

价值观是指某一社会中或者某一文化中由人们的信仰、世界观、行为准则、认知模式、道德标准、处世态度等构成的一套系统，即价值观念系统。克鲁伯和克拉克洪提出的"内隐文化"，其核心就是价值观。价值观是我们自身文化的一部分，是从小习得的结果，可以说在我们的交际行为的深处存在着价值体系。价值观是文化的重要构成要素,与交际有着密切的关系,人们能够通过言语行为和非言语行为发现价值观。

(四)跨文化交际能力的培养

跨文化交际是一个交叉性的学科,其涉及多个领域,例如语言与文化、交际与文化、文化差异、跨文化言语交际、跨文化非言语交际、跨文化感知、跨文化适应、跨文化能力等,都属于跨文化交际学的研究范畴。这些方面相互关联、相互作用,是研究跨文化交际不可缺少的部分。

任何一种理论研究都是以指导实践活动为目的的,因此,跨文化交际学的研究也应当以提升人们的跨文化交际能力为目的。当然,在目前的高校当中,如何通过英语课程来培养学生的跨文化交际能力,是广大高校英语教师普遍面临的问题。我国学者普遍认为,仅仅依靠英语教学课堂上的文化导入,是无法实现跨文化交际能力的提升的。相关专家指出,跨文化交际学与英语教学应密切结合,英语教学中应将文化教学和英语教学结合起来。跨文化交际能力培养理念上多强调知识、技能、态度等方面紧密结合。必须既培养态度和意识,又传授知识,还要提高技能,三管齐下才能实现提高跨文化交际能力的目标。有些学者提出了意识发展、文化调试能力培养、知识传导和交际能力锻炼的"四合一"模式。跨文化交际能力培养涵盖诸多具体环节。我国从事跨文化交际研究的大多是高校英语教师,跨文化交际能力具体培养方式、方法多与英语教学紧密联系。跨文化意识的培养是内因和外因共同作用的结果,应重视非智力因素在语言学习过程中所起的作用。高一虹从哲学的角度阐述跨文化交际能力培养,认为文化的"跨越"与"超越"是跨文化交际能力培养的两个层面:"跨越"是文化教学的主要关注点,但"超越"应是更为重要的教育目标。张红玲则针对跨文化能力培养这一问题,提出要从教学大纲、教学原则和方法、教材、测试、师资等方面如何进行改革。杨盈、庄恩平认为,只有在高校英语教学的全过程中贯穿跨文化交际能力的培养,才能切实起到提升学生跨文化交际能力的作用。这就要求在每一项英语技能训练中都融入跨文化元素,为学生营造一个良好的跨文化学习环境。康淑敏指出,要实现对学生跨文化交际能力的培养,首先要培养学生的跨文化意识。[1]

---

[1] 刘戈.当代跨文化交际发展研究[M].长春:吉林大学出版社,2020.

二、"渗透式"跨文化交际能力培养模式构建

（一）培养理念

"渗透式"模式的跨文化交际能力培养理念是：跨文化交际能力培养的主线应渗透至高校英语教学及相关环节，形成完整的跨文化交际能力培养体系；跨文化交际能力培养应渗透到学生的个体发展之中，以学生为主体，充分调动学生的主观能动性。

"渗透式"跨文化交际能力培养理论将重点放在文化渗透上，我们可以从以下两个方面对这一理论进行理解：首先，要将跨文化交际能力的培养渗透到英语教学的各方各面；其次，要将跨文化交际能力与学生个体的发展相结合。无论从哪个方面来理解，学生跨文化能力的提升都不是一朝一夕的事，只有从一开始就确定这样的目标，并持续不断地对学生进行熏陶，才能获得良好的教学成果。

（二）培养目标

"渗透式"模式下的高校英语教学中跨文化交际能力培养的目标是：通过高校英语教学，使学生在跨文化交际能力的知识、能力、态度、素养四部分全面发展和提升，能够有效、得体地进行跨文化交际，逐步成为跨文化人，最终实现跨文化交际能力的自主性培养和可持续发展。培养目标虽有待逐步实现，但跨文化交际能力培养的内容和培养过程应以完整的培养目标为指导。

（三）培养原则

在高校的英语教学中，要想切实提升学生的跨文化交际能力，就必须坚持以下几点原则：（1）培养内涵明晰化；（2）培养实施体系化；（3）培养方式多样化；（4）培养过程循序渐进；（5）以能动发展应对变化。下文将针对这几点原则进行展开叙述。

1. 培养内涵明晰化

在"渗透式"跨文化交际能力的培养过程中，我们可以从外因和内因两个层面来进行探讨。所谓外因，即指教育、培训和辅导等教学手法。教师通过各种教学手法，能够让学生逐渐树立起跨文化交际的意识，并形成较为科学的概念；所谓内因，即指个体自主的发展。跨文化交际的能力不仅仅局限于英语学习成绩好

坏,个人的文化修养、语言理解与表达能力等,都是影响跨文化交际活动的重要因素。而这些因素仅仅靠英语的学习是很难提升的,这就体现出对高校学生跨文化能力进行培养的重要性。

跨文化交际能力各构成要素在培养方式、培养用时上存在差异。不应局限于传授和灌输,或完全依赖于出自特定目的、内容局限、有针对性的培训;部分能力的提升是短期行为、短期效应,部分能力的提升需要一定的时间和空间,是中长期效应。以听力理解能力和对他族文化的包容为例,一般来说,通过短期课堂教学、特定培训、个人训练即可实现听力理解能力的提升,而对他族文化包容态度的培养需要以本族和他族文化知识的积累、长期跨文化体验和实践、个人素养的提升为基础,不可能在短时间内实现。

"渗透式"培养更强调学生个体的发展,换言之,即强调内因对学生的影响。首先,我们必须清晰地认识到,学生跨文化交际能力的培养是一个动态的过程,不能仅仅将其限制在高校英语课堂内。因此,教师必须帮助学生树立起持续发展的意识,帮助学生养成坚持学习的习惯。这样,当学生走出校园、踏入社会后,他们在实践中便可不断提升自己的跨文化交际能力。即从跨文化交际能力"培养"到跨文化交际能力"发展",最终实现"自主、可持续发展"。同时,强调内因的重要性,以学生为主体,由外至内、内外结合,由量变到质变。跨文化交际能力的发展是和人格完善、个人成长、社会化过程、人生经历同步的。学习者性格不同、成长环境不同,表现在思维方式、敏感度、信息接收情况不同,针对不同的学生,对其跨文化交际能力培养的方式方法应有所变化和调整。跨文化交际能力的培养应正确看待教与学的关系,将二者紧密结合;学校教育与学生自主学习结合、课上与课下相辅相成;社会需求和个人需要兼顾,培养符合社会和个人自身需要的全球化的人、发展的人。

2. 培养实施体系化

跨文化交际能力培养主线应广泛、深入渗透至高校英语教学及相关环节,注重学科间、各环节间的共同作用,形成完整的跨文化交际能力培养体系。一方面,跨文化交际能力培养的目标、意识、理念和内容应体现并贯穿于英语教学的大纲制定、课程设置、课堂教学、课外实践、教材建设、师资培养、测试与评估等诸多环节。

从另一个角度来看，我们也必须注重高校英语教学与其他学科之间的关系，努力发挥校内各专业之间的协同作用。"渗透式"教学模式更注重发挥跨文化教学与英语教学的结合，因此我们有必要为学生营造一个良好的跨专业学习平台，为学生提供更宽广的文化视野。具体来讲，首先，跨文化交际能力培养是一个同其他学科共同完成的跨学科任务。跨文化交际学和英语教学不仅仅是相互借鉴的关系，二者应以培养跨文化交际能力为共同目标，密切合作，最终融合为一个整体。

3. 培养方式多样化

"渗透式"培养的另一原则是方式多样化，即采用多种方式渗透培养，知识传授、能力培养、交际实践相结合，培养学生的跨文化交际能力。具体而言是指，采用多种方法进行知识传授和能力训练，通过多样的文化体验和实践锻炼，开阔学生视野，增强他们的跨文化交际意识、提升跨文化交际能力。首先，英语课堂教学方式应多样化。英语教学必须为学生提供在语境中学习语言的机会、在各种实际语境中练习使用语言的机会。英语课堂教学中，教师应以学生为主体，根据课程性质和具体教学内容采用角色扮演、个人陈述、案例分析等适当的教学方式方法；有选择地使用教学材料，构建立体化教学资源库；将信息技术与英语教学融合为一体，充分发挥现代科技的作用，弥补教学材料的不足、交际语境的缺失。其次，高校应当充分利用各种教学资源，并积极拓展社会资源，为学生提供跨文化交际的实践机会。例如，学校可以成立相关工作室，加强学校内部的跨文化氛围，并定期举办各种跨文化交际活动，在引导学生积极参与交流活动的过程中，培养学生的文化感受能力，提升学生的文化理解能力。此外，高校还应当利用校际国际合作平台与国际交流活动，增加跨文化体验与实践的机会，逐步实现师资的国际化、课程的国际化、学生的国际化，从而实现师生跨文化意识培养、跨文化交际能力的提升。

4. 培养过程循序渐进

跨文化交际能力的培养非一朝一夕就能达到目标，它不仅仅是某一阶段的任务，而是逐步浸润、培养和提高的。跨文化交际能力的培养是一个由浅入深、循序渐进的渗透过程。

首先，我们必须要明确，跨文化交际能力的培养是一个漫长而复杂的过程，所以，在具体的教学过程中，教师也不可急于求成。其次，跨文化交际能力往往会通过其他方面的能力来体现，例如，个人文化素养、语言表达能力、文化理解能力、情感感受能力、人际交往能力等，因此在教学的过程中，要避免陷入应试教育的思维。最后，跨文化交际能力的培养是循序渐进的。语言学习是循环往复的，并非一个直线型的过程，语言的螺旋形本质不仅体现在语言结构的学习中，还体现在语言学习涉及的所有领域。跨文化交际能力各构成要素的发展敏感性不同，在培养上即需要不同的培养方式、不同的培养环境、不同的时间长度。

5. 以能动发展应对变化

"渗透式"培养模式强调以学习者综合、能动发展应对外部变化，从而实现学生的跨文化交际能力自主培养和可持续发展。世界日新月异，不断发展变化。希腊哲学家 Heraclitus（赫拉克里特）曾经说过："Everything flows, nothing stays still"。任何一个民族的文化都是具有稳定性的，但任何一种文化都是有生命的，是随着时代的发展不断发展变化的。如果一种文化不再发展和变化，那么我们就可以说这种文化已经失去了生命力，并终将被其他文化替代。正是因为文化有着这样的特点，才导致文化交际相关的知识也是动态的，是不断随着时间推移和社会变化而变化的。再者，现代信息技术的发展和教育理论的变化意味着在当前的教育环境中，任何实践和态度都必须是动态的。人才培养在理论研究与实践层面是动态的，是随着社会需求、外部环境、个体差异等因素而变化的。戴炜栋、王雪梅提出了英语教育体系构建的发展性原则，认为英语教育体系是开放的、不断演变的，指出英语教育体系的构建必须适应国家的长远发展需求，以终身教育观为依据。另外，跨文化交际是复杂的，跨文化交际的哲学是变化的哲学。全球化背景下，跨文化交际语境和跨文化永远不会固定不变，而是一直在变化，跨文化交际语境日趋多元化，交际过程是动态多变的，跨文化交际的对象、内容和方式方法随外部大环境和具体交际环境的改变而变化。跨文化适应是一个动态的过程，是当个体迁移至一个新的、不熟悉的、变化的文化环境时，建立或重建并保持和此环境相对稳定、互惠的、功能性的关系的过程；跨文化交际知识、意识、能力根据跨文化交际语境和跨文化交际邂逅的变化而不断修订、变化。Dervin（德文）指出，跨文化能力不是永久性的，对它的实践和学习永远不会结束。由此可见，跨文化交际能力自身具有全面性、复杂性、发展性特征。

所以，我们在高校中开展跨文化交际能力的培养时，必须兼顾各种外在和内在因素，并培养学生持续发展的眼光，采用各种方式调动学生的学习积极性，鼓励学生迎难而上，从而真正发挥主观能动性作用。一方面，重视跨文化交际能力构成的综合性，培养学生跨文化交际兴趣、跨文化意识，丰富学生语言、文化、交际等方面知识，开阔学生的视野，培养学生交际能力、跨文化能力、学习能力等多方面能力，帮助他们树立端正的跨文化交际态度，塑造学生良好的个人素养。同时，侧重学生的社会知识、专业知识的丰富，注重培养学生的学习能力、学习策略、创新能力和社会能力，从而实现跨文化交际能力的自主性发展和可持续发展。

（四）培养内容

高校英语教学中的跨文化交际能力培养与跨文化交际学科中对学生的培养有着一定的区别，因此，在高校英语教学中，我们不能简单地套用跨文化交际能力学的培养框架。其原因有以下两点。

其一，英语教学以跨文化交际能力为目标，并不意味着英语教学独自承担培养任务。跨文化交际能力培养是由多个学科共同参与、通力合作的配套工程。

其二，跨文化交际能力本身属于一种综合性的能力，其发展并不能仅仅依靠高校英语教学。因此，我们应当将高校的英语课堂视为一个发展学生跨文化交际能力的场所。此外，跨文化交际能力的培养是一个循序渐进的过程，仅仅依靠大学四年是很难完成的，所以在高校英语课堂上，我们还必须帮助学生树立起终身学习的意识，自觉地将跨文化交际的学习从校园转向校外。

总体上讲，应实现学生在知识、能力、态度、素养方面均衡发展，对跨文化交际能力各构成要素的培养应是并驾齐驱的，应注重跨文化交际能力中显性和隐性作用要素的共同培养。因此，对我国高校英语教学中跨文化交际能力培养的具体内容进行了如下界定。

1. 知识部分的培养内容

（1）在文化知识培养方面，既要丰富学生表层文化知识也要让学生学习深层文化知识，使学生既学习目的语国家的文化，也要学习本民族文化和世界其他国家的文化。

（2）语言知识的培养内容包括：目的语的词汇、语法规则（句法、篇章等知识）、发音规则（语音、语调）；不同国家和地区人的方言、口音、发音习惯；语言的变体、分支和衍生；目的语的使用规则；不同国家和地区的交际风格、语言及非语言交际特点；文化与语言之间的联系和作用，语言使用和社会文化之间的关系。

2. 能力部分的培养内容

（1）交际能力的培养

英语交际能力主要是指使用英语，同那些以英语为母语的人们，或者是同样能够使用英语进行交际的人进行交际的能力。这要求学生在具体的交际过程中，不仅能够做到表达清晰、语言流畅，还能够根据不同的交际环境、交际目的、交际对象和交际内容进行正确、恰到好处的表达。由于非语言交际行为同样存在文化的差异，因此，应做到语言能力与非语言交际能力培养并重，不应忽视非语言交际能力的培养。

此外，社会生活能力也对交际能力有着重要的影响。学生只有在积累一定的社会应变能力后，才能够在真实的交际情境中灵活应对，并根据对方的反应做出正确的判断，从而推动交际活动向积极的方向发展，并最终取得良好的交际成果。

（2）学习能力的培养

不仅应注重观察能力、判断能力、解决问题的能力，寻找和使用资源的能力、使用现代技术的能力的培养，还应注重学生自主学习能力和策略的培养，注重对学生创造力的培养。

专业能力培养方面，结合英语语言教学，培养学生的专业技能。比如，对师范生的英语教学，教师应留意培养学生的教学能力；对旅游英语专业的学生，应留意培养学生的导游技能。

（3）态度部分的培养

从态度层面来看，学生只有拥有积极健康的交际态度和开放包容的心态，才能够在现实的跨文化交际活动中获得成功。事实上，跨文化交际活动的成功是建立在多元的文化理解基础上的，因此学生首先要摒弃对其他民族文化的成见，在具备自己民族文化自信的基础上，还要懂得尊重和理解其他民族的文化，并对交际对象无意识的文化误解持包容的心态。

在个人态度层面，注重学生自尊自爱、胆量、信心、开阔的心胸、好奇心、求知欲和敏感性的培养。重视学生学习兴趣、跨文化交际兴趣、跨文化交际意识、国际视野的培养。

3. 培养环节

理查兹（Richards）指出，有效的语言教学涉及语言理论、教学原则、教学方法和技巧、教材编写和使用、课程设计等多个方面，有效语言教学是课程标准、教师、学生、方法、教材相互作用的结果；在英语教学的整个过程中，各个环节之间存在着一定的相互作用。[1]要在高校的英语教学中落实跨文化交际能力的培养，就必须将相关理念融入教学目标当中，并根据新的教学目标构建出新的教学体系，改进教学模式和教学方法，并注重课外引导方面的改革。由此看来，作用于跨文化交际能力培养的内部环节和因素涉及课程标准、课程教学要求、教学大纲、课程设置、教材、教学方法和教学手段、师资、测试和评估等等。跨文化交际能力培养目标的实现依赖英语教学各个环节的共同作用。

就课程的设置而言，高校英语教学一定要遵循目标性、系统性、国际化和实践性的基本原则。在这些原则的支撑下，课程的设置必须要全面，包括理论性课程、实践性课程、基础课程、专业课程等，且各种类型的课程都要注重学生实际运用语言的能力的培养，并努力将课程建设提升到国际层面。此外，高校应当积极发挥自身的资源优势，促进校内各种课程之间的相互融合；再有，学校除了开设公共课之外，还可以开设跨文化交际相关的选修课，为学生进一步提升自己的跨文化交际能力提供机会。诸如西方文化解读、中西文化对比、英语文化等相关选修课，都是为学生拓展英语文化视野的重要课程，英语教师可鼓励学生积极进行学习。

对于教学方法和手段，应依据具体课程性质、具体教学内容、教学技术状况而定，应考虑学生的需求、程度和喜好。总体上讲，应采用灵活多样的教学模式。

在测试和评估环节，高校英语教师应当注重测评方法的多样性。因为尽管学生的语言表达能力是进行各种交际活动的基础，但仅仅有良好的表达能力，但却不知道如何在实际情况中进行运用，也是无法获得良好交际成果的。因此高校的英语测试还应当将英文相关的文化知识、交际能力等方面纳入其中，并对学生日

---

[1] Richards, J. The Language Teaching Matrix. OUP, 1990.

常综合表现进行全面的评价。为确保切实了解学生的跨文化交际能力，就需要高校教师不断改进完善测试的方式方法，力图做到全方面的测评。

三、"渗透式"跨文化交际能力培养模式应用研究

（一）"渗透式"模式下的英语课堂教学

英语课堂教学是跨文化交际能力培养中最为重要的一部分，下面重点叙述怎样在高校英语课堂教学当中实现跨文化交际能力的培养。

1. 注重跨文化交际能力培养的全面性

对于教师来说，关于跨文化交际能力的教学，应当做到重点关注学生在知识、能力、态度、素养这四个方面的培养，值得注意的是，这四个方面彼此之间存在着较强的关联，且能够互相影响、相辅相成。英语课堂教学不仅要重视关于跨文化交际能力中的知识与技能的培养，还应当格外重视关于态度与素养等方面的培养。在课堂教学当中，教师需要积极引导学生有意识地对比本国文化与目的语国的文化，发现其中的差异，并重点培养学生们对发现结果进行表达阐述的能力，培养他们将所学知识应用到语言和非语言交际中的能力。课堂教学中培养学生跨文化交际知识、能力、态度和素养的方式方法多种多样，我们在此不一一研究，仅对英语课堂教学中跨文化交际意识和态度及素养部分的培养方式进行探讨。

就跨文化交际的意识提升而言，最佳的办法就是为学生营造一个良好的文化体验环境，并让学生在这种环境中得到长期的熏陶。因为任何一种文化对人的影响都是在潜移默化的过程中发生的，如果学生没有机会接触跨文化交际的环境，那么他们也就无法感受到多元文化交流过程中可能会出现的文化问题，自然其自身的文化反应能力也不会得到提升。

2. 考虑和体现跨文化交际的复杂性

在高校英语教学中，我们必须要认识到跨文化交际活动本身具有的特殊性与复杂性，只有在认识到这些特性的基础上，才能够有针对性地选择适合的教学手法来推动教学活动。具体而言，首先，在全球一体化不断加深的当今时代，语言使用的多元性得到了进一步的凸显。以英语的使用为例，这种语言本身也具有十分多元的文化特征，因此只有我们能够正确理解这种语言的文化内涵，才能够在

交往过程中正确使用语言。英语的扩散和多样化逐渐使英语概念化为世界语言，英语的使用范围包括国内、国外和国际，越来越多的非本族语者之间用英语进行交际，超过了本族语者之间的交际、超过了本族语者和非本族语者之间的交际。值得注意的是，通用语言不是一种统一语言，而是多元文化的语言，英语的国际性造成英语的复杂性和多元性，给跨文化交际带来了众多问题。因此，运用英语进行跨文化交际不仅要求学习者从多元角度出发认识英语，还需要学习者对多元文化知识、对世界文化的掌握，而非仅仅局限于对英国、美国、加拿大、澳大利亚、新西兰的文化的学习。

高校的英语课程时间是十分短暂的，因此，如果希望仅在课堂时间对学生进行英语思维的锻炼和英语文化观念的培养，可以说是不切实际的。所以，高校的英语课堂应当起到引导学生积极参与多元文化互动的作用。学生在学习英语时，不能将其仅仅看作一门语言，而要看到这种语言背后的思维方式，并采用一种开放、包容的眼光来体会不同语境下的英语文化。文化教学的内容不仅要包括目的语文化知识，还应包括本国及其他国家的多元文化知识，培养学生通过文化比较、通过反思形成的对于本民族文化乃至世界各国文化的认同感以及跨文化交际意识和能力。在语言教学方面，不仅要让学生熟悉目的语国家标准的语言使用，还应让学生了解语言的变体，并培养他们对变体的包容；由于语言的变体和杂交与讲话者的语境密切相连，因此，课堂教学中不仅要关注和处理标准或约定俗成的语篇，还要关注存在于这些语篇中的社会语言。在跨文化交际意识方面，应使学生意识到，由于交际对象的不同，语言的语义和语用均会相应发生变化，在实际跨文化交际中，应根据交际对象的不同，调整交际方式方法，变换思维方式。

（二）英语课堂教学中的文化教学

1. 英语教学中进行文化教学的必要性

英语教学必须与文化教学相结合，这其中既包括英语文化的教学，也包括民族文化的教学。文化是语言的本质内涵，在学习一种语言时，如果仅仅学会语法句式，是无法在现实情境中进行正确使用的，自然也谈不上说得很好。因此，在渗透性英语教学过程中，教师必须让学生通过学习语言来感受到文化对自己的影响，让学生意识到上英语课是有意义的，从而让学生产生强烈的求知欲。文化意识的培养不仅是英语教学的基本要求之一，而且是英语教学发展的动力与源泉。

传统英语课堂教学与跨文化英语课堂教学的不同主要体现在：语言在身份建设和理解中的角色以及其在文化差异中的中介作用。需要进行二语文化教学的一个主要原因是，即便是英语达到高级、熟练水平的学习者，他们获得的社会文化框架也是信仰、假设和行为社会化的一部分，社会文化框架是和本族文化捆绑在一起的；人们不可能丢弃本族文化，进入另一文化。

2.文化教学的内容

（1）知识方面

高校英语教学要突出英语作为一门语言的工具性特征，同样也要注重英语作为一种文化产物的文化性特征。这便导致了英语交际本身的复杂性特点。在高校英语课程中，教师不仅要突出文化对学生的熏陶作用，不断加强学生对文化的理解能力，熟悉特定语境下语言的使用方法，还要帮助学生了解各种情况下进行跨文化交际的基本策略和交际技巧。此外，教师需要鼓励学生了解语言与文化、交际活动之间的关系，从而提升学生在实际交往过程中的随机应变能力。

具体到对文化的了解，在英语课堂教学中，学生文化学习的内容日趋宽泛，不仅要学习目标语言文化，还应了解本族文化以及其他国家的文化。以英语教学为例，随着英语覆盖人群、语境、语域的不断扩大，如今，非本族语者比本族语者要多，发生在两个非本族语者之间的交际多于一个本族语者和非本族语者的交际，英语不再属于某一特定国家或文化，不再只和某一特定地域或国家的文化相联系，而是和国际文化相联系。要使用英语成功进行跨文化交际，仅了解目的语国家的文化是不行的。英语教学所面对的文化应该是英国文化、美国文化、澳大利亚文化、加拿大文化、新西兰文化、南非文化、以英语为官方语言的其他国家的文化以及世界其他国家文化、交际对象国家的文化知识和交际习惯。

（2）意识方面

从意识层面来看，只有当学生自己拥有较强的学习意识时，他们才能主动进行学习活动。而作为高校英语教师，有责任利用课堂时间来引导学生树立文化学习的意识。当然，文化学习的意识培养不能仅仅限定在对英语文化的了解上，还需要不断深入，通过了解英语文化知识，来体会英语文化思维，并学习英语文化背景下人们的社交方式和语言使用逻辑。在这一过程中，学生自然而然地会将英语交际方式与思维同汉语进行对比，从而从中悟出跨文化交际的思维方式。

（3）态度方面

在态度方面，通过文化教学，使学生对外国文化拥有好奇心和直觉；帮助学生形成对本民族文化乃至世界各国文化的尊重、认同和包容，懂得尊重来自他族文化的人。

（4）能力方面

在能力方面，文化教学应培养学生的文化习得能力，帮助他们学会如何学习文化，使他们能够在不同的语境中获得和管理文化知识；培养学生组织和评价新的外国文化知识的能力；培养学生比较自己文化知识的能力。此外，还应培养学生将所学的文化知识应用于言语交际和非言语交际中。

3. 课堂文化教学的方式

（1）文化学习的特点

文化学习是一个获得特定的、一般的文化知识和技能的过程，是一个动态的、发展的、持续的过程，涉及学习者的认知、行为和情感。因此，文化的学习具有广泛性和多元性特征。

（2）文化教学的方式

文化教学的方式多样，斯特恩（Stern）就课堂文化教学提出了六种方法：构建真实课堂跨文化环境；提供文化信息；通过解决文化问题；通过认知途径，即通过培养学生自主发现能力、对外部世界开放的心态；通过人文和文学作品的学习；进行行为训练和情感方面培养。欣克尔（Hinkel）建议课堂文化学习的活动包括：展开对有形文化经历的讨论、解释、例证；展示国外旅游纪念品、照片、地图、城市概貌、外国传统食品、手工艺品；邀请以英语为母语者作为客座教师参与课堂教学；针对文化话题开展个人陈述或写作活动；使用视频、电影片段、广播节选、电视节目、重要政治事件、影视或体育新闻，使学生体会文化对语言的影响作用，感受交际实践、学习肢体语言等等，进行角色扮演、画面配音活动。

基于斯特恩（Stern）和欣克尔（Hinkel）及其他专家学者的观点，将课堂文化教学的方式归纳为四种：提供文化信息、引导学生进行文化学习，构建跨文化语境，进行文化活动，开展文化体验。

①提供文化信息、引导学生进行文化学习

教师可以采用简短的文化旁白、简述、集锦等形式，来为学生介绍外国人的基本日常生活习惯，以此来向学生介绍西方社会文化，并引导学生解读社会文化现象。通过对交际文化范例的解读和运用，使学生领悟深层文化内涵；通过对人文和文学作品学习、通过教材学习文化，这一过程可被看作是一种对话，是学生与教材的作者、教材内容之间的关于意义和身份的间接谈判；利用网络的开放性和协作性来丰富课堂文化教学资源。

②构建跨文化语境

教师可以充分发挥教学道具的作用，采取事物展示的方式，向学生介绍外国人日常生活中常见的一些物品以及这些物品的英文表述方式，并通过这样的介绍来为学生解释英文文化思维。例如，为学生展示外国的火车票、飞机票、电影票，然后分析这些票证上的英文逻辑；为学生介绍一些西方国家著名的文化景点，从而拓宽学生的知识面。此外，还可利用现代媒体技术和网络资源，通过放映国外的电视节目使学生通过多渠道、多感官接触他族文化，创设真实的英语学习环境，提高他们的文化敏感性和跨文化交际意识和能力。

③进行文化活动

高校英语教学不能仅仅以死板的课堂教授方式进行教学，在课堂时间充裕的情况下，还应当积极开展各种文化活动。例如，由教师选出一些具有代表性的文化论题，要求学生进行自由讨论，并最终总结出讨论结果进行课堂汇报；教师可以要求学生对自己真实的跨文化交际经历进行简要叙述，并谈谈自己在交际过程中遇到的问题、自己的疑惑点，或者谈谈自己在交际过程中的心理状态等。通过这些讨论活动，学生能够逐渐树立起跨文化交际的自信心，并积累一些基本的跨文化交际知识。

④开展文化体验

本族语者的国外身份背景、关于他们自己和国外生活的谈话能让学生真切感受外国人的思维习惯、了解国外文化，因此，可邀请本族语者作为客座教师参与课堂教学。体验性学习对培养学生的自我意识和对他族文化的认识至关重要，教师可使用视频、电影片段、广播节选、电视节目、重要政治事件、影视或体育新闻等资料，让学生体会文化对语言的影响作用、感受交际实践、学习肢体语言等，结合视频资料进行角色扮演、画面配音活动。

4. 文化教学与语言教学的融合

任何一种语言的教学都离不开文化的教学。事实上，在教学过程中，即便教师并没有有意识地向学生介绍语言文化，学生也能够在学习过程中感受到目标语言与母语之间的差异。从这里就能够看出，文化对语言学习产生的巨大影响力。正因如此，才有必要加大文化教学在语言教学过程中的力度，实现训练学生英语语言技能和培养学生跨文化交际能力的双重目标。这符合英语教学内在和外在的需求，即既符合语言教学的本质，也顺应了当今社会的需要。文化学习和语言学习是一个不可分割的整体。二语文化教学基于语言学习的跨文化视角，语言学习不仅仅是对词汇和语法的学习。毫无疑问，语言能力非常重要，但在很多情况下，仅具备语言能力对于跨文化交际是不够的。文化教学和语用学的总体目标是提供给学习者工具，以帮助他们实现讲话和写作的方式符合社会语言学规范。语言和文化密不可分，交际能力的可持续提高依赖于语言知识、非语言知识、文化知识等知识的逐步积累和跨文化意识的培养。事实上，文化意识的培养与英语教学之间有着密切的联系，只有当学生拥有良好的文化意识之后，他们才能够表现出较强的语言学习兴趣。从这里能够看出，文化教学对提升学生语言理解能力的重要作用。在高校的英语教学中，文化教学与语言技巧教学的地位应该是平等的，只有将二者放在同样的地位上，我们才能够切实做到语言技巧教学与文化教学的紧密结合，既关注语言符号和语言形式，又注重语言使用中的文化内容。

文化教学与语言教学融合的优点有三个，一是文化知识的学习是潜移默化的，而不是刻意或者单独进行文化知识的学习。二是一举多得，学生在学习语言知识的同时亦丰富了文化知识，教师在讲授学习材料时，不仅传授了语言知识，亦讲述了文化知识。三是学生兴趣浓厚，因为单独讲授语言知识时，学生会觉得枯燥；单独讲述文化知识，又占用了宝贵的授课时间。

文化教学与语言教学相结合的途径有很多。文化内容与语言知识的融合体现在教材中。语言材料本身就是介绍目的语言文化习俗、历史事实、词汇和轶事的文化材料。在高校英语教学的具体过程中，应当在教学过程中，以文化教学为基础，以文化主题为主线，以语言内容为暗线，以文化学习过程为依据，让英语学习和文化学习互为目的和手段。对于学生而言，文化的学习应该是一个动态的过程，这一过程中包含了认知的提升、情感的体验和行为实践。学习者通过文化学习，不仅旨在提高交际能力，还在了解外国文化的基础上反省本族文化，增强跨文化意识，提高跨文化交际能力，进而实现个人的全面发展。如何在英语教学中将文化教学和语言教学较好结合起来，需要深入、系统的研究。

（三）"渗透式"模式下的英语课外活动与实践

真正的跨文化交际发生在课堂之外，发生在真实的社会环境中。跨文化交际能力的提高是一种综合素质的提高。仅仅通过课堂教学来培养学生的跨文化交际能力是远远不够的。英语课堂内外都是学生体验文化、获取跨文化交际知识、锻炼跨文化交际能力的场所。在这里，我们首先阐述英语课外活动与实践的重要性，然后分析我国高校学生英语课外活动与实践的现状，进而阐述"渗透式"跨文化交际能力培养模式下英语课外活动与实践的目的和开展原则，重点探讨英语课外活动与实践的方式方法。

1. 英语课外活动与实践对于跨文化交际能力培养的意义

英语课外活动与实践对于培养学生的跨文化交际能力具有重要意义，体现在以下五个方面。

其一，语言具有社交功能，语言学习应满足社交需要。对学生英语交际能力的培养，必须以文化培养为基础，学生在掌握一种语言的形式、使用方式的同时，还必须掌握这种语言的文化意义。语言和基因、大脑、认知、智能、意识、文化、群体、社会都是密不可分的。一个群体学习母语以外的语言可能有几个层面的目的：满足生存的基本需要、满足社交需要、满足专业需要。语言具有的粘合功能，预设了信息交换的交际目的，英语教学中不能单单强调语言的信息交换功能，还应重视语言的社交功能，我国英语教学应该面向交际，将重心从交际内容转移到那些用语言来达到交际目标的活动。

其二，在语言文化学习的过程中，文化体验对学生提升学习效率有很大帮助。语言文化的学习过程离不开对文化的体验，更离不开在这一文化背景下进行交际实践；在学习外语的过程中，我们不仅要掌握这种语言所使用的词汇与语法，还必须清楚每种表达方式的使用原则和使用场景；学生在获得相关的文化体验之后，自然而然地会通过语言交流实现跨文化交际；基于文化比较，有明确文化学习意识的、显性的、体验性的语言文化学习过程，能够有效地帮助学生获得跨文化交际的能力。

其三，广泛开展英语交际课外活动，对学生提升语言能力和文化理解能力有很大帮助。语言能力的发展需要借助真实的社会文化环境，因此，实践是提升语言能力的主要方式。语言是人类社会不断发展的产物，是源于生活而又高于生活的文化体现。因此，无论何时，对语言的学习和解读都不能脱离人的社会。语言能力与人类的其他认识能力是融为一体的。体验哲学和认知语言学的基本原理可归结为"现实—认知—语言"这一核心原则，"人的认知"决定语言的成因，人类的认识包括客观和主观因素。学习的外在因素涉及社会生活环境、语言环境、民族文化背景等。想要了解二语能力、二语自信心、二语的使用三者之间密切复杂的关系，有必要考虑个体和其所处环境之间的交流。

其四，语言输出实践能够提升语言的自动化和清晰化。首先，必须明确的是，二语学习水平在一定程度上受到个体隐性知识水平的影响。这就是为什么在高校中，一些同学课堂听讲认真，考试成绩优异，但却缺乏英语运用能力的原因。所以，高校的英语教学绝不能忽视学生隐性语言系统的发展。教师可以通过加强有效的语言输出实践促使学生的显性知识向隐性知识转化，陈述性知识向程序性知识转化。其次，我们应当认识到语言本身具有的复杂性。正是由于语言本身是一种十分复杂的文化现象，因此我们不能用单一的眼光来看待语言学习。在语言的应用中，有很多都依靠人的机械性习惯，因此学生必须要在课后做大量的练习才能完全掌握。倘若我们不能清楚地表达自己想说的，倘若我们的书写难以辨认，我们就无法成功交际。

其五，对于高校学生而言，参加社会跨文化交际活动的目的不仅仅是提升自己的语言表达能力和跨文化交际能力，还要通过这些活动来培养自己独立的思维能力和独立的学习习惯。这也是在高校英语课堂上教师要传递给学生的重要信息，即让学生明白，学生的"学"比教师的"教"更为重要。值得注意的是，学生仅仅学习语言是不够的，"用"是"学"和"习"的根本目的，参加课外交际活动，使用语言，特别是基于某种目的使用语言完成真实任务能够激发学生的积极性、增强学生的自信心，可以帮助学生明确学习英语的目的性，增强自主学习的意识和能力。

2. 英语课外活动与实践的方式方法

（1）依托媒介和网络资源的跨文化学习和交际实践

现代科技为学生提供了自由学习和实践的良好机会，学生的学习活动不再仅仅局限于课堂。学生可以利用网络等形式展开英语交际活动，并通过各种媒体平台来了解各国文化。课堂上的教学时间是十分有限的，只有学生自主地在课后参与各种跨文化交际实践活动，才能弥补课堂文化培养的缺失。首先，英语杂志、小说、电影、广播等都是学生接触、理解国外文化的有效途径，网上的文字、视频、音频资料能够帮助学生更好理解文化话题，应鼓励和支持学生在课余时间积极开发和合理利用课程资源、学习资源与网络资源进行英语学习。其次，互联网也是进行交际实践的渠道之一，学生可以通过互联网与外国人交流沟通，在交流过程中逐步认识和了解异国文化，加强文化意识，提升跨文化交际能力。国内学生同国际学生可通过网络进行沟通、信息交流，具体方式包括：和外国学生建立笔友关系，利用网络交流信息，通过 Skype、Facebook 等网上视频聊天工具和国外学生进行在线交流。有研究结果表明，在学习跨文化交际的过程中，当学生能够广泛与其他院校的学生进行网上交流时，那些勇于提问、乐于分享自己的跨文化交际经历、积极参与各种话题讨论的学生，他们的跨文化交际能力往往会得到快速的提升。而那些只依赖书本和课堂，无法做到调整自己紧张情绪，不愿参与各种讨论的学生则很难获得实质性的进步。

（2）校内文化体验和跨文化交际实践活动

学校可通过开展丰富的英语文化活动，帮助学生提升跨文化交际意识、储备跨文化交际知识，通过理论学习与切身实践相结合来提升跨文化交际能力。学校可以组织一些既有趣味性又有助于学生跨文化意识培养和跨文化交际实践的活动，如英语角、外文歌曲比赛、英语演讲比赛、英语辩论赛、跨国别商务谈判、模拟联合国大会等；学校可开展英语日、文化周、英语或文化专题讲座、英语经典剧目展演、英语音乐欣赏会、英语报刊和英语文学作品赏析等活动，以帮助学生储备跨文化交际知识；学校还可以定期邀请外教或其他外籍人士和学生交流，让学生在真实地道的语言交流中，感受异国文化，培养跨文化交际能力。

为了最大限度地发挥文化体验和交际实践在高校教学中的作用，英语教师应该有意识地鼓励学生在课后实践所学的文化和语言，引导学生发挥自己的主动性，引导学生从无意识的文化体验和实践向有意识的文化体验和实践转变。此外，教师还需要不断鼓励学生与外籍教师沟通，抓住外籍教师上课的机会；在课外跨文化交际实践中，应注意培养移情，使自己同外国人交流时避免种族中心主义。

（3）赴目的语国家体验和学习

随着高校国际化建设步伐的日益加快，中国与外国高校之间的合作项目越来越多。具体的合作方式也十分多样，例如，双方相互派遣留学生、相互派遣教授、共同合作开展教学项目等。这些项目的开展都能够为学生提供拓宽视野、锻炼自我的机会，是学生进行跨文化交际学习的重要方式。对于高校而言，怎样有效拓展国际交流的规模，探讨增强交流效果的具体途径，使得学生能够获得前往目的语国家体验文化并学习语言的机会，是当下需要进一步研究的问题。例如，高校可以积极组织学生到目的语国家参加夏令营等活动，通过实践增强自身的知识掌握情况，锻炼自己的跨文化交际技巧，夯实基础、学习新知识等，不但可以加深自身对于目的语国家的文化的了解，也可以透过另一种新颖的视角，重新检视我们熟悉的本国文化。

第五节　跨文化视域下培养学生用英语讲好中国故事的能力

一、高校"用英语讲好中国故事"能力培养的现状

（一）高校英语教学中"中国文化失语"现象严重

语言教学和文化传播密不可分。党的十九大报告指出，要"推进国际传播能力建设"。随着我国综合国力的提升，中国在世界上产生的影响力正逐步增强，中国文化"走出去"战略的提出需要我们"讲好中国故事"。因此我们在学习和借鉴世界优秀异国文化的同时，也要让中国优秀传统文化走向世界。在中国的大学英语教育中，中国文化失语现象普遍存在。

值得注意的是，教材本身在高校英语教学当中有着十分重要的作用，甚至于选择怎样的教材能够直接关乎到最终的教学效果。令人遗憾的是，国内用于英语教学的很多教材都不理想，只重视英语语言技能的训练，在文化介绍方面也只是介绍英语国家的文化，很少有中国文化的内容出现。随着时代的发展和社会的进步，人们对于教育越来越重视，但是，因为在英语教材当中很少涉及中国文化，而且学生学习英语还十分依赖教材，这就导致学生在英语学习的过程中并不会产

生足够的关于中国文化的认识，也就不经意间忽视了关于中国文化的英语学习，由此就导致现阶段的英语教学当中出现了中国文化失语的现象。

现如今的很多大学生对中国的文化核心价值观不够了解，但是对西方的各种知识却掌握得十分透彻，这就导致中国文化在现代年轻人群体中出现"失语"的情况，进而导致大学生很难通过英语实现中国文化的传播。为扭转这一困境，就需要在教育当中积极增强学生关于中国文化的认同感，大学的英语文化教育也需要引导学生树立起正确的文化观念，促使学生能够更加熟练地掌握中国文化并成长为跨文化交际人才，实现世界范围内传播弘扬中国文化的目标。

在教学方面，英语专业的教师也有着很大问题，就比如有很多英语教师并不具备足够的跨文化交际能力，而这就直接影响到教学过程中中国文化的融入与传播。而且，很多开展教学工作的教师并没有做到顺应时代发展，其自身使用的一直是传统的英语教学模式，只重视英语语言技能的教学与英语国家文化的教授，甚少在教学当中融入中国文化。并且，因为部分英语教师本身并不具备足够的中国文化素养，所以在教学过程当中仅凭自身的能力很难利用英语实现中国文化的表达，以上种种因素的存在直接导致中国文化在英语教学当中占比很小甚至是直接缺失，进而导致我国的很多学生在接受英语教学的过程当中没有养成足够的中国文化学习意识。

（二）高校英语教学中中国文化缺失

自文化失语这一概念诞生起，中国文化在英语专业的教学当中占比不大的情况就逐渐受到了学界的关注。所以，很多学校也已经着手设置了跨文化交际的有关课程，中国的文化课程涉及虽然不多，但是，很多学者都认为教师和学生的跨文化交际能力相较之前已经有了普遍提升，英语的专业学生逐渐开始真正理解文化差异性和东西方文化平等性，并且能够正视文化差异。但是令人遗憾的是，因为在英语专业教学当中，中国文化一直以来都没有被重视，所以现如今还存在着这样或那样的问题。

1. 英语专业的中国文化教学尚未形成课程体系

自《高等学校英语专业英语教学大纲（2000年修订）》颁布20多年以来，各地的高校结合办学特色进行了中国文化教学的尝试，很多学者和教师分析了各自学校的办学特点，探讨了如何将中国文化融入相关英语课程当中。此外，老师们纷纷针对具体的教学课程，力求达到中国文化教学与英语专业教学的有机融合。同时，有部分老师也关注到英语专业中国文化课程设置的问题，基于英语专业改革的角度，明确中国文化课程的重要作用，重点指出了课程设置上中国文化类课程存在的必要，但是这类研究很少触及英语专业中国文化的教学体系。

并且，值得注意的是，对地方特色文化在英语教学中的结合的研究并不多。随着我国社会经济发展和教育改革进程加快，英语教学也应顺应时代潮流，不断进行调整与创新，以适应新时期对人才提出的要求。尽管中国文化教学已引起人们的重视，但最近几年，关于中国文化教学的理论研究依旧较为匮乏。目前关于英语教师如何有效地将本土优秀传统文化与英语课堂结合在一起，提高学生学习兴趣和教学效果等方面的研究成果还很少见到。总体来说，现阶段的教学多表现为理论研究多于实践研究的情况，且实践研究大多集中在某些特别的课程上，表现得并不全面。

2. 英语专业教材对应的中国文化内容缺失

与中国文化有一定关联的教材并不多，并且很少有地方文化教材被开发和编写；对教师中国文化水平也鲜有研究，教师所具备的中国文化能力不足，很少有关于提升英语专业教师的中国文化能力的培训，就算接受培训之后，也很难获得明显效果。

在对我国部分出版社近20年出版的各种与英语相关的教材进行研究之后，能够明显发现，迄今为止，与中国文化相关的英语教学教材凤毛麟角，仅有的几本，基本上只适用于翻译专业，显然，因为相关课程设置，中国的各大高校内部的外语专业对于中国文化教材的需求不高，学界关于中国文化教学中使用教材的研究亦较为匮乏，各大高校现阶段正在使用的有关英语专业教材的内容中，中国文化存在着严重不足的情况。尽管这么多年来存在着培训英语专业教师中国文化水平能力的活动，但并没有进行足够的系统化研究，也很少有关于培训效果方面的实证研究。关于培训英语专业的教师这一方面，中国文化涵养方面的问题尚未受到重点关注。

（三）当前大学生用英语讲好中国故事能力的现状及问题

1. 大学生跨文化交际意识和交际能力不足

一直以来，我国的英语教学文化生态都处于失衡的状态。在语言学习的过程中，由于受到母语和外语之间文化差异的影响，学生常常感到困惑与茫然，但是在中国英语教学中，却过多地依赖英语国家的社会文化输入，并不重视"应当把中国文化的英语表达教育贯穿到各层次英语教学之中"[①]。根据我国国情与国际形势，国家对关于大学英语的教学有着更合时宜的教学要求。《大学英语教学指南（2020）》就有明确规定："大学英语的教学目标是培养学生的英语应用能力，增强跨文化交际意识和交际能力，同时发展自主学习能力，提高综合文化素养，使学生们在学习、生活、社会交往和未来工作中能够有效地使用英语，满足国家、社会、学校和个人发展的需要"[②]。但目前大学生的英语学习偏重西方文化的单向输入，缺乏中西文化对比意识和批判性思维。为了担起跨文化交际的重任，大学生的确应当具有世界眼光，但是世界眼光的前提是国家情怀，只有运用批判性思维，理性看待中西方文化差异，才能真正形成文化包容态度。

2. 大学生受应试教育影响导致英语应用能力较差

我国很多大学生在中学阶段学习英语只是为了应对考试，因此只注重英语的单词记忆、语法知识与做题方法，这与他们承受的高考压力有很大的关系。进入大学后学生依旧不得不面对各类英语考试。从评价体系来说，这些考试依然偏重语言基础知识的考查，而缺乏对语言应用能力的考核，因此许多大学生失去了英语学习的热情和动力。最典型的例子是非英语专业的学生在结束两到三学期的大学英语课程教学之后就停止了对英语的主动学习，英语的应用与表达能力更是逐渐降低。再加上近年来大学英语课时普遍被压缩，大多数高校英语教师课堂上只能以考试为导向，以教材为载体，即使老师想补充与中国文化相关的素材，也很难找到充足的时间。从理论上讲，现代信息技术的利用固然可以解决一部分问题，但实际效果却差强人意，这取决于多种因素，如教师和学生的教育信息化水平、学校的政策支持和办学条件，以及学生的自主学习能力等。整体而言，我国大学生英语应用能力的提高还有很长的路要走。

---

① 从丛."中国文化失语"：我国英语教学的缺陷[N]. 光明日报，2000-10-19（C01）.
② 教育部高等教育司.《大学英语教育指南》（2020版）[M]. 北京：高等教育出版社，2020.

3. 大学生中国文化素养偏低

现如今的全球化发展迅猛，学生的跨文化交际能力也受到了一系列的挑战，为确保在尊重交际双方的文化差异的情况之下圆满实现国际交流，就需要充分了解本国与对方的文化，并明晰其中存在的种种差异。但是值得注意的是，现如今的很多中国大学生虽然对中国的文化的认可度比较高，但是了解得却很少，这就导致这部分学生在实际应用的过程当中捉襟见肘，进而严重影响中国故事的讲述。所以说，我们应当重点关注对中国当代大学生中国文化素养的提升。

4. 大学生中国故事的英语表达能力弱

伴随着时代的发展，中国的国际影响力也在不断地增强，逐步获得越来越多的世界上人们的关注，且中国故事也在一定范围内得到了广泛传播。但是令人遗憾的是，我国的很多大学生并没有足够的能力进行中国文化、实事词汇等内容的顺畅翻译，由此就导致这部分人很难与国外的友人做到有效沟通，其中出现的种种错误会直接导致谈话难以进行。总的来说，现阶段的很多大学生并不具备足够合格的英语表达能力，进而也难以通过流畅的英语表述实现中国故事的讲述。所以说，在此基础上，教师应该通过行之有效的方法，在各级英语教学中融合中国文化英语表达教育，进一步增强大学生对英语的运用能力，以便更好地满足新时代国家发展战略的需要。

二、跨文化视域下讲好中国故事的意义

想要有效促进我国的文化在世界范围内的传播，就需要尽力讲好中国故事。高校学生也会在未来积极投身于中国特色社会主义的建设当中，所以也需要拥有使用英语讲好中国故事的能力，以便我们在面临中外文化交流时，能够有效地传播中华文化。

（一）加强大学生文化认同感，提升其文化自信

高校一方面需要深化学生对于中华文化本质特征的认识以及发展历程的了解，只有不断深化学生对于中华文化的感悟与整体认知，才能够更好地促使大学生进行以英语建构中华文化的表达，使得学生能够进一步认同中华文化，提升自身文化自信。高校在另一方面应当积极引导学生对比中华文化与世界上的其他文化，

进而促使高校学生能够深刻地感受中华文化所具备的独特特点与优秀传统，由此，在思想上就更加容易形成中华文化的英语表达范式。并且，在进行双方文化对比的时候，还可以引导学生更容易地了解到中华文化的先进性，由此对中华文化发展更加认可，最终诞生出更为深厚的文化自豪感，除此之外，还比较容易形成在世界上正确宣传中华文化的良好习惯，进而展示出更加强大、更加坚强的文化自信。

（二）拓展学生的国际视野，培养其跨文化交流能力

伴随着全球化进程的加快，各国的留学生数量都有了很大程度增加。对于中国来说，不管是出国留学的中国学生还是来中国求学的外国学生都在明显增多。之所以出现这种情况，主要就是因为中国希望以留学生为传播渠道向全世界弘扬中华文化，传播中国故事，以便世界上的各个国家都能够更了解我国社会与中华文化。除此之外，重点培养高校学生的跨文化交际能力就能够有效促进众多来华求学的留学生深刻感受到中华文化的深刻魅力，进而增强对中华文化的了解兴趣。

（三）提高我国文化软实力，增强中华文化影响力

通过积极培养高校学生运用英语进行中国故事讲解的能力，可以有效促进中华文化在世界范围内的传播与弘扬，以高校学生为重要传播媒介，向世界传播中华文化，由此就能够进一步推动中华文化的发展、传播，起到宣传中华文化的作用，有效增强我国的文化软实力。随着改革开放不断深入和全球经济一体化进程加快，我国对外文化交流不断增多，越来越多的外国友人开始关注我们祖国优秀传统文化及民族精神，并将其作为他们学习的内容之一。另外，高校学生是我国社会主义事业建设当中最为重要的主体力量，他们能够很好地利用英语讲述中国故事，既可以代表中国走向世界的声音，向全世界提供了一个认识中国的窗口，也可以为世人尊重中华文化的发展提供一个新的方向。除此之外，也可以进一步发挥出高校学生充满活力和朝气的亲和力。随着我国社会经济快速发展，国际文化交流日益增多，高校英语教育也受到了越来越多学生的关注，而作为培养高素质人才的大学英语教学必须适应新时代的需求。高校学生在使用英语进行中国故事的讲述的时候，也可以在其中融入新时代的中国大学生学习内容与表达特色，将富有时代性的中华文化呈现在世人面前，使中华文化更加贴近世界，在富有亲和力的表述中，进一步提升中华文化的世界影响力。

（四）树立大学生正确三观，体现英语课程的教育价值

将中国故事融入英语课堂教学当中，既与"立德树人"这项根本任务相适应，又有效促进了学生对于中国文化中的各种精神与内涵的深刻体会。在教师的指导下，学生能够作出正确的判断，进而建立和具备正确的三观。例如，教师可以使用英语讲述中国的高铁建设内容，让学生了解高铁的发展历程，并从故事中体会到中国自古以来所持有的创新精神以及不畏困难、敢于奉献的高尚品质，进而内化为自己的价值观念，也使学生能跟深入了解中国实力，激发学生的爱国热情，改变一些学生盲目崇外的思想观念。教师要积极引导学生了解并关注中国的发展，无论在日常生活、学习还是工作当中，都要时时刻刻谨记开展涵养社会主义核心价值观的实践活动。

值得注意的是，在学生们对中国文化有了熟悉和把握之后，同学们就可以在一定程度上对东西方文化进行批判性的理解，辩证地看待，进而根据自身需要积极研究并学习吸收其中的精髓，最终就能够积极利用中外文化之智慧完成个人价值的实现。所以说，在大学英语课堂教学中加入中国故事，更能有效完成英语课程的思政育人任务，进而促使越来越多的学生能够在学外语的过程当中，树立起正确态度，并对自身各项行为进行规范。

（五）促进理论与实践结合，提升大学生英语水平

在大学英语教学中，更为重视发挥英语实际运用的作用，重点关注发展学生的英语应用能力。在英语课程教学与教材体系建设中有机融合中国故事，进而实现利用英语讲好中国故事的目的，进一步锻炼大学生关于英语语言技能的实际使用能力，另外，大学英语教学在关于中华文化的听说读写译等方面中的具体运用，有效提升了学生关于英语工具的灵活运用能力。

对于东方文明来说，中国故事本身就具备代表性，而且，也能够从中充分凸显出汉语的语言习惯。因此，对当代大学生而言，必须要重视其英语视听能力的培养，通过各种关于中国故事的练习，确保语言学习的输入能够满足自身需要，并且，还能够在很大程度上有效督促学生对英汉语言中存在的特点与差异加以准确认识和熟练把握，最终在不断的了解与练习过程当中，学生能够更加容易地理解并掌握英语当中关于中国特色的各种词汇与短语的表达与构造，进而有效加强学生的语法学习，促进后续语言的流畅输出。以足够的语言输入为前提讲述中国故事，通过开展各项主题活动，使得学生能够发散思维，更有兴趣参与到使用英语进行中国故事的表达活动当中，进而有效提升自身的书面表达能力、口语表达能力，最终成功实现大学生学习英语与应用英语的充分结合，有效促进大学生全方位的发展。

三、跨文化视域下培养大学生用英语讲好中国故事能力的途径

（一）将中国文化融入高校英语教学

在大学英语教学中融入中国文化并不简单，应当基于多个方面进行努力，最终成功形成一套适应当前教育形式的完整的教育评价机制与体系。

首先，是健全教育机制，完善教育体系。第一点，应当对教学所用的教材加以重视。在课堂教学当中，教师可以引导学生了解西方优秀的文化和价值观，并将这部分教学内容与中国的优秀文化进行比较研究，锻炼学生的批判性思维能力，并使这项能力得到提升。学生要充分认识到不同文化的本质与内涵，并积极对比二者的相同点和不同点，进而更深刻地认识两种文化。同时还要引导学生关注世界范围内不同民族、国家之间文化发展状况的差异，从而增强学生跨文化交际意识，为他们将来更好地适应国际社会打下坚实基础，并进一步提升学生的文化包容性。第二点，还需要在考试当中有效加强对于中国文化知识和词汇等内容的测试，这么做的主要目的是让学生能够更加准确地把握中国文化表达方式。第三点，就需要更为重视与第二课堂有关的活动，可以选择对中国文化进行英译的方式开展比赛，或者以英语演讲的形式开展比赛，都能够有效加强学生对中国文化的研究和独立思考的兴趣，进而引导学生更加准确地把握它的含义，对中国文化有更加深刻的理解。

其次，教师必须确立正确教学理念。对于教师来说，在教学过程当中，教学理念的存在有着重要作用。并且，值得关注的是，教学理念本身依旧要顺应时代发展与教学模式的转变而不断改变与创新。大学英语课程作为一门公共基础必修课，它是对学生进行思想政治教育、帮助学生形成正确价值观和世界观的重要载体。在大学英语教育不断改革的今天，教师还应建立起符合教学内容的教学理念。

对于教师来说，英语教学中的自己，不但是语言的传授者，也是与所教授语言对应的文化的传播者，若要寓中国文化于英语教学之中，就需要英语教师不断提升中国文化素养，进一步增强跨文化交际的能力，并且，为实现以上目标，学校需要充分发挥自身能力，为教师带来更多的培训学习以及和优秀同行进行交流的机会。

最后，健全课程体系。在高校当中不但要设置培养学生获得基本语言技能的大学英语课程，还需要设置一些与中国文化相关的英语选修课，例如，中西方文化比较课程、中国优秀典籍课程或者中国传统文化欣赏课程等。值得注意的是，中西方文化比较课程存在的主要目的是为了使学生能够进一步加深对中西方文化的理解，并对学生的文化素养加以重点培养。同时，中国优秀典籍课程主要讲述的是中国文化中的精髓，历经岁月冲刷，有很多较为优秀的英译版本问世，在学习过程当中，同学们既可以深入了解中国的优秀传统文化，也可以通过这些典籍的英译版本加深自身对于英语语言技巧的学习与掌握程度。除此之外，还有中国传统文化课程，这门课程存在的主要目的是面向学生不断进行不同的传统文化主题的阐释，以便所有人都能够深入领略传统文化的内涵和魅力，进一步调动起学生对于英语语言学习的兴趣。

（二）明确中国文化的地位，明晰高校英语教学目的

在有效增强国家的文化软实力方面，中国文化发挥着十分重要的作用。所以说，高校的英语教学本身应当明确自身教学任务，积极为国家培养一批能够向世界讲述中国故事且具有新时代特色的大学生。若要更好地面向世界讲述中国故事，就必须要求中国高校明确以文化育人为教育理念，通过各种教学形式，促使学生能够产生文化认同并提升自信心。另外，高校英语教师应当明确自身态度和思想定位，明晰大学英语教学的根本目的、价值、意义，对中西方文化进行对比，了解其中的精髓，始终坚持寓中国文化于教学，有效促进学生对民族文化进行学习与交流。而且，还需要重视的一点是，学生们学习英语的根本目的不只是要开拓自身眼界、方便与国外人员进行交流，还要面向全世界宣扬中国的良好形象，加深国外对中国的友好了解。

只有在正确认识的前提下，教师才能够更加积极主动地选取合适的教学材料并开展合理的教学活动等，从而更好地向学生们展示中国灿烂的文化以及各种有趣且真实的中国故事，使得学生受到深刻影响，进而有效增强他们弘扬中国文化的本领。基于教师专业的指导与教育，学生能够更加顺利地建立起正确三观，更为国家自豪，从而更加积极主动地了解中国文化，学习中国文化，输出中国文化。

（三）掌握基本知识和基础技能，正确认识文化交流

想要更好地讲述中国故事，高校学生需要正确且充分地了解中华民族文化。只有确保高校学生能够充分了解中国文化，并树立起民族自信、文化自信，才能够真正讲好中国故事。掌握了传统文化知识，还有助于一定程度上有效促进当代大学生形成正确的人生观、世界观和价值观。除此之外，为了更好地实现中国文化向国外传播，就需要积极指导高校学生开展英语学习，只有掌握基本的英语语言技能，流利地与国外友人进行交流，才是讲好中国故事的开始。所以，教师应该把学生培养成优秀的传播者，不仅要教他们英语基础知识，还必须教会学生如何讲故事、讲出自己想要说的话。在讲述中国文化的过程当中，应当特别注意保持叙述生动形象，而非生搬硬套地翻译。另外，还必须注重跨文化交际能力的培养，不仅要掌握简单的英语口语技巧，更要学会与外国友人进行有效的交流，这样才能使学生真正成为一个地道的、具有国际竞争力的人才。基于此，还应该引导高校学生建立起正确的文化观念，不应对不同文化之间存在的差异加以歧视。在进行英语学习的时候，尽管需要了解西方文化，但是我们应当格外注意，绝对不可以盲目接受西方的一切，要辩证地看待，不可崇洋媚外，也不可过分排斥，否则会对学生自身造成一定的负面影响。应当积极比较中西方文化的不同，并在比较过程中"去粗取精"，通过自身的研究，为两种文化搭建起沟通的桥梁，促进双方的深入交流与合作，推动共同发展。

（四）丰富高校英语教师的中华文化知识储备

英语教师在培养高校大学生使用英语进行中国故事讲述的时候，就需要掌握足够丰富的中华文化相关的知识，由此才能够获得良好的教学效果。在教学过程当中，高校英语教师要确立坚定的中华文化意识，有意识地提高自己对中华文化的认识与掌握。英语教师在平时的教学与研究过程中，要注重把中华文化知识纳入英语课程的教学中。通过这些措施，可以有效地提高学生运用语言进行交流与沟通的综合素养，促进其跨文化交际能力的发展。除此之外，为确保高校英语教

师掌握足够的中华文化知识，就需要由高校组织进行相关学习的培训，使得各位英语教师都能够参与其中，丰富自身知识储备。而且，高校还应通过多种途径开展对大学英语教学者进行跨文化交际能力培养方面的专业培训，提高他们的文化教育素养，增强综合语言运用能力。经过相关培训工作的开展，确保所有英语教师都能够完整接受与中华文化相关知识的教育，最终形成体系化的文化知识储备，引导英语教师在教学过程当中做到英语国家文化与中国文化并重。

（五）加强中国故事英文表达的教学

若要向世界传达优秀的中国故事，就需要保证大学生有着突出的语言能力，并掌握正宗的英文表述方式。但是，现阶段需要格外注意的是，我国的很多大学生都不具备足够的将中国文化用英语进行表达的能力，由此就需要不断深化改革大学英语教学，在教学当中逐步增加中国文化相关的内容，引发学生对与中国文化有关的英语表达方式与技能的关注与积累，更加深入地开展语言学习。

为顺应时代发展，我国现阶段在进行教材编著的时候需要注重适当地选择富有内涵的材料，其中既要包含中华民族优秀传统文化的内容，还要有能够体现出我国的价值观念与发展路径等方面的内容。近年来，随着我国高等教育国际化进程的加快，越来越多高校开始注重培养具有国际视野的复合型人才，其中就包括具备较高语言表达水平的专业翻译人员。对于高校的英语教师来说，需要积极利用好现代科技，借助平台功能，充分发挥出英语学科的重要作用，并且在教学过程当中，还需要积极融入中国文化的内容。寻找新时代环境中何种涉及中国文化的英语学习方式能够符合国家与个人发展要求，明晰中西方的语言文化差异，了解语言本身的意义，积极培养学生对于语言的敏感性。并以此为基础激励他们更好地利用英文讲述中国故事，以便能够切实改善英语教学中存在的文化失衡问题。在英语教学当中，教师需要将中国文化充分融入其中，进而循序渐进地加强高校学生对于中国文化的英语结构和表达的了解，以便更好地将中国文化传扬至世界各处，使得越来越多的外国友人能够了解中国故事。

（六）师生共同参与，增强教学效果

伴随着中国综合国力的显著增强，很多高校都开始以中华民族传统文化为主题开展英语教学活动，并且在各种与英语相关的考试当中也有着与中国文化有关联的内容。为增强教学效果，可以在教学过程当中积极引导学生了解较为经典的中国故事，全面把握中国古代文化，由此就能够有充分的资料与丰富的材料应用于对应主题的英语写作当中。同时，为了有效提升各位大学生的英语口语能力与反应能力，各大高校纷纷开始根据相关阅读内容，积极引导大学生参与各种英语实践活动。同时还通过各种形式培养学生学习语言的兴趣，或者举办一些与英语口语相关的演讲活动，使得参与其中的学生能够更好地锻炼自身表达能力。

高校学生已经成年，这也就代表着这部分人拥有着较为强大的自主学习能力，能够合理安排自己的时间进行学习，并且，在校期间，学生们也能够通过积极参与各种语言实践活动，培养自身的语言技能，从而为之后可能面临的语言交际奠定基础。教师应该格外重视对学生英语阅读水平的培养，并将阅读作为教学重点之一来把握。在教学过程中，教师需要有意识地指导学生对自己所熟知的知识进行大量阅读，由此就能够在很大程度上促使信息变得更容易被人接受，并且，学生也能够更加容易地理解其中隐含的文化，不但能够进一步巩固学生的学习情况，还能够在一定程度上有效增强学生的阅读能力。在英语课堂教学中开展阅读教学活动不仅是为了让学生掌握知识，同时还能提高其语言表达能力、思维能力、感知能力等，培养学生拥有良好的综合素质和人文素养，从而使学生的学习效率以及讲好故事的能力都得到提高。

（七）为大学生搭建用英语讲中国故事的平台

为了更好地培养学生的能力，高校可以充分利用新媒体技术搭建合适的锻炼平台。就比如，可以在英语的教学网站上专门设立一个使用英语进行中国故事讲述的板块，或者有高校建立英语教学相关的微信公众号或者官方微博，并在这些平台上为学生每日设定有趣的任务，使得他们的能力能够得到锻炼。此外，高校还应通过多种途径开展各种以英语讲述中国故事为主题的实践活动，为学生提供足够的锻炼机会，促使学生的能力得到有效提高。

（八）改革课程设置，加强课程思政教育工作

若要讲好中国故事，首先，要全面了解中国故事，并且对中华民族源远流长的历史文化怀有极大的信心，利用英语语言向外国友人进行无障碍讲述中国故事

时，最需要注意的一点，就是需要选择合适的方式与方法。虽然伴随着全球化步伐的加快，越来越多的国内高校开始重视英语教学，但是需要注意的是，其中还有很多高校只是把英语教学当作第二语言进行浅层次训练，并没有确立一个明确的将高校学生培养成面向世界讲述中国故事的人才的目标。其次，很多高校并不重视大学生的人文素质以及综合素养培养，导致学生无法树立正确的价值观，从课程建设上看，也并不重视讲好中国故事。这种情况不仅会导致大学英语课堂上出现许多问题，而且不利于大学生综合素质与能力的提升。所以，高校应进一步推进课程改革，在英语教学的过程中融入思政教育。要想实现这一教学培养目标，就需要增加相关课程，并且需要重点阐明讲好中国故事的重要性，重点关注英语教学当中的中国故事的内容，做到严格把控，积极掌握能够讲好故事的方法与技巧。

值得注意的是，为了有效实现英语教学与中国故事的完美结合，就需要进一步拓展课程思政的教学内容，并且实现正确的三观与英语教学的充分融合。除此之外，开展英语教学的教师也应当积极增强自身对中国故事的知识储备，选择部分积极、乐观的中国故事与教学相结合，以便提升学生的文化自信。将部分中国传统故事融入英语教学过程当中，或者积极指导学生以英语为载体介绍中国英雄人物，尽力寻找到中国故事的相关内容与英语教学的契合之处，最终实现英语教学与价值引领的有机结合。通过这种方式，不仅有利于培养大学生良好的民族精神，也有利于他们了解祖国的历史发展以及优秀的传统文化。并且，通过将中国故事与高校学生所接受的英语教学进行充分结合，能够帮助其充分树立起健康且正确的价值观，寓中国故事于英语教学之中，指导学生养成良好的品德修养。并且，通过将中国故事融入英语教学当中，可以进一步提升学生对于英语学习的兴趣，进而更加积极地了解中国文化，了解中国的发展情况，树立起文化自信、道路自信、制度自信、理论自信。

参考文献

[1] 王淑花，潘爱琳.大学英语课程思政教学实践与反思研究[M].北京：首都经济贸易大学出版社，2022.

[2] 尤广杰.高校英语思政教育理论与实践（汉文·英文）[M].北京：中国旅游出版社，2022.

[3] 王欣，孙珊珊.英语专业教育改革：课程思政与价值引领[M].上海：上海外语教育出版社，2022.

[4] 王蜜蜜.新时代大学英语课程思政教学指南[M].长春：吉林大学出版社，2022.

[5] 高金岭，钟京伟，彭瑞红.大学英语诵读教学改革与课程思政的目与隧[M].济南：山东大学出版社，2021.

[6] 文旭，徐天虹.外语教育中的课程思政探索[M].重庆：西南师范大学出版社，2021.

[7] 雒国庆.大学英语课程思政实践探索[M].北京：九州出版社，2020.

[8] 朱光好.中国文化与大学英语教育融合研究[M].北京：北京交通大学出版社，2020.

[9] 赵长林，王桂清，李友雨.大学课程与教学研究[M].北京：北京理工大学出版社，2020.

[10] 徐雪元.大学英语教学改革实践[M].吉林出版集团股份有限公司，2020.

[11] 张帆.课程思政在大学英语教学中的融入路径[J].中国冶金教育，2022（06）：65-67.

[12] 孟高旺，杨琳琳.大学英语课程思政教学的原则与提升路径[J].淮北师范大学学报（哲学社会科学版），2022，43（06）：98-100.

[13] 吕春敏.课程思政融入英语阅读教学的实施路径探析[J].海外英语，2022（24）：96-98.

[14] 郎红琴.大学英语课程思政教学探索与实践[J].洛阳师范学院学报，2022，41（12）：69-72.

[15] 朱敏.课程思政视域下高校英语教学改革的现实困境与优化路径[J].浙江交通职业技术学院学报，2022，23（04）：43-46.

[16] 李鲜红.课程思政融入混合式教学模式的研究——以《商务英语基础》为例[J].武汉冶金管理干部学院学报，2022，32（04）：75-79.

[17] 宋慧平.智慧化视域下大学英语课程思政教学模式构建探究[J].吕梁学院学报，2022，12（06）：47-49.

[18] 杨玉茹.融合课程思政的大学英语混合式教学实践探讨[J].黑龙江教师发展学院学报，2022，41（12）：132-134.

[19] 陈东岚.课程思政视角下的大学英语教学设计[J].英语广场，2022（34）：120-124.

[20] 叶晓兰.课程思政背景下基于大学英语教学提高文化自信的路径研究[J].产业与科技论坛，2022，21（23）：150-152.

[21] 王晓宇."课程思政"的价值观教育研究[D].长春：吉林大学，2022.

[22] 王海燕.大学英语课程思政多模态模式教学研究[D].大庆：东北石油大学，2022.

[23] 姜嫄.高校"课程思政"建设的探索与实践研究[D].杭州：杭州电子科技大学，2022.

[24] 庄旭旺.高校课程思政的有效教学策略研究[D].重庆：西南大学，2022.

[25] 谢燕.《大学英语》课程思政实施现状及对策研究[D].重庆：重庆工商大学，2022.

[26] 许艳.高职院校课程思政教学的困境与突破[D].昆明；云南民族大学，2022.

[27] 黎曼曼.大学英语"课程思政"实施的困境与对策研究[D].长沙：湖南农业大学，2021.

[28] 阮灵杰.大学英语课程思政调查研究[D].武汉；湖北工业大学，2021.

[29] 宋金艳.高校公共英语课程思政研究[D].武汉：武汉轻工大学，2021.

[30] 杨露."课程思政"在大学公共英语教学中的运用研究[D].重庆：重庆师范大学，2020.